千寻 与世界相遇

千 Neverend 寻

选题策划　千寻 Neverend
项目编辑　云海燕
装帧设计　木
内文排版　史　明
责任印制　盛　杰
营销编辑　奚嘉阳

与世界对话

与马对话

傅阳 编著

晨光出版社

Contents

目录

说 1

读 47

马蹄（节选） 〔战国〕庄子 49

庄子马蹄篇演义（节选） 流沙河 51

马说 〔唐〕韩愈 55

伯乐相马 〔汉〕刘向 56

马 吴伯箫 57

木兰诗 〔南北朝〕佚名 63

破阵子·为陈同甫赋壮词以寄之 〔宋〕辛弃疾 65

马的遐思 冯并 66

白马篇（节选） 〔三国〕曹植 70

古诗十九首·其一 〔汉〕佚名 71

少年行四首·其一 〔唐〕王维 72

逢入京使 〔唐〕岑参 73

凉州词二首·其一 〔唐〕王翰 74

出塞二首·其一　〔唐〕王昌龄　75
送友人　〔唐〕李白　76
后出塞五首·其二　〔唐〕杜甫　77
少年游　〔宋〕柳永　78
青玉案·元夕　〔宋〕辛弃疾　79
书愤五首·其一　〔宋〕陆游　80
永遇乐·京口北固亭怀古　〔宋〕辛弃疾　81
天净沙·秋思　〔元〕马致远　82
驮马　施蛰存　83
白驹　〔先秦〕佚名　88
马年　余光中　89
集句六帖（节选）　周梦蝶　91
白马论　〔战国〕公孙龙　92
田忌赛马　〔汉〕司马迁　94
指鹿为马　〔汉〕司马迁　95
前出塞九首·其六　〔唐〕杜甫　96
马诗二十三首·其五　〔唐〕李贺　97
登科后　〔唐〕孟郊　98
十一月四日风雨大作　〔宋〕陆游　99
良马对　〔宋〕岳珂　100
黑骏马（节选）　张承志　101
黑骏马（节选）　〔英〕安娜·休厄尔　马爱农/译　106

作　113

未名　潘周惟（六年级）　115

走马灯　陈天悦（八年级）　117

马背上的成语　张若涵（六年级）　119

马　刘丰鸣（七年级）　121

奔　赵健钧（六年级）　123

时间　应镕伊（五年级）　124

地球掉在了马的身上　祝语彤（六年级）　126

飞沙　傅晨悦（六年级）　128

一匹属于马的马　林雷沫（六年级）　130

我是马　马梓琺（六年级）　132

意境　张心远（五年级）　134

骑马记　唐子媛（五年级）　136

一日看尽长安马　富宇涵（七年级）　138

走　高允方（五年级）　139

我是一匹马　李思瑾（六年级）　141

快马　刘青岚（五年级）　143

时间　吕屹林（六年级）　145

马　钱奕凡（六年级）　146

马魂　吴玫慧（六年级）　147

老马　修英杰（五年级）　149

马　严子轩（五年级）　150

竹马　张嘉禾（八年级）151
时间的快马　郑朝喆（六年级）153
马　周家悦（五年级）154
束　唐语点（七年级）156
西风里的瘦马　黄若瑜（六年级）158
青铜骑士　付润石（七年级）160
马蹄　赵馨悦（七年级）163

我与“马”的对话　166

A Talk with Horses

/

说

德国哲学家雅斯贝斯说："马匹的流行将人从土地的束缚中解脱出来，使人获得了广阔的空间和自由……"马因为跑得快，很早就成了人类最重要的交通工具之一。

毕业于西南联大哲学系的九叶派诗人郑敏写过一首《马》，我们一起来读前面几节：

这浑雄的形态，当它静立
在只有风和深草的莽野里，
原是一个奔驰的力的收敛，
藐视了顶上穹苍的高远。

它曾经像箭一样坚决，
披着鬃发，踢起前蹄，
奔腾向前，像水的决堤，

但是在这崎岖的世界

英雄也仍是太灿烂的理想。
无尽道路从它的脚下伸展，
白日里踏上栈道，餐着荒凉，
入暮又被驱入街市的狭窄。

奔跑是马的本能，“像箭一样坚决”“像水的决堤”都写得好。但我更喜欢这一句——“藐视了顶上穹苍的高远”，写出了马的神韵。在马的眼里，天也算不了什么。马的眼睛是长在头部两侧的，跟人类的不一样。

我们再来读诗人多多的《马》：

黄昏的狮子缄默不语
马尾沿着犁沟播下如毡的静寂
从向下弯曲的号音里
马的苦恼被金子裹起
被更加广大的静穆吸收着
马得到了持久的力量就像阵痛：
过去的稻谷啊刺目金黄
昔日的马鞍是座灿烂的皇冠
马的瘦长的身影脱离了草车

把暗黑的原野踩成了一把镰刀
抖掉遍身如星的钻戒
暗夜丝绒般缠住马头
倾听停步不前的马蹄
仿佛碎石飞溅……

“马的苦恼被金子裹起”“昔日的马鞍是座灿烂的皇冠”，自从被人类驯服，马就不再是自由自在的野马，瘦长的身影任由人类驱使。

我们来读十八世纪法国博物学家布封的《马》：

人类所曾做到的最高贵的征服，就是征服了这豪迈而剽悍的动物——马：它和人分担着疆场的劳苦，同享着战斗的光荣；它和它的主人一样，具有无畏的精神，它眼看着危急当前而慷慨以赴；它听惯了兵器搏击的声音，喜爱它，追求它，以与主人同样的兴奋鼓舞起来；它也和主人共欢乐：在射猎时，在演武时，在赛跑时，它也精神抖擞，耀武扬威。但是它驯良不亚于勇毅，它一点儿不逞自己的烈性，它知道克制它的动作：它不但在驾驭人的手下屈从着他的操纵，还仿佛

布封雕像

> 窥伺着驾驭人的颜色，它总是按照着从主人的表情方面得来的印象而奔腾，而缓步，而止步，它的一切动作都只为了满足主人的愿望。

人类征服了很多动物，但布封认为，征服马是人类所能做到的“最高贵的征服”。他说马是“豪迈而剽悍的动物”，从此，马和人“分担着疆场的劳苦，同享着战斗的光荣”。这一点，只要想一想马在战场上有多么重要就明白了。

我们继续往下读：

> 这天生就是一种舍己从人的动物，它甚至会迎合别人的心意，它用动作的敏捷和准确来表达和执行别人的意旨，人家希望它感觉到多少它就能感觉到多少，它所表现出来的总是在恰如人愿的程度上；因为它无保留地贡献着自己，所以它不拒绝任何使命，所以它尽一切力量来为人服务，它还要超出自己的力量，甚至舍弃生命以求服从得更好。
>
> 以上所述，是一匹所有才能都已获得发展的马，是天然品质被人工改进过的马，是

从小就被人养育、后来又经过训练、专为供人驱使而培养出来的马。它的教育以丧失自由而开始，以接受束缚而告终。对这种动物的奴役或驯养已太普遍、太悠久了，以至于我们看到它们时，很少是处在自然状态中。它们在劳动中经常是披着鞍辔（pèi）的；人家从来不解除它们的羁绊，纵然是在休息的时候；如果人家偶尔让它们在牧场上自由地行走，它们也总是带着奴役的标志，并且还时常带着劳动与痛苦所给予的残酷痕迹：嘴巴被衔铁勒得变了形，腹侧留下一道道的疮痍或被马刺刮出一条条的伤疤，蹄子也都被铁钉洞穿了。它们浑身的姿态都显得不自然，这是惯受羁绊而留下的迹象：现在即使把它们的羁绊解脱掉也是枉然，它们再也不会因此而显得自由活泼些了。就是那些奴役状况最和婉的马，那些只为着摆阔绰、壮观瞻而喂养着、供奉着的马，那些不是为着装饰它们本身，却是为着满足主人的虚荣而戴上黄金链条的马，它们额上覆着妍丽的一撮毛，项鬣（liè）编成了细辫，满身盖着丝绸和锦毯，这一切之侮辱马性，较之它们脚下的蹄铁还有过之无不及。

布封对马有着非常细致而准确的观察。他发现了马的舍己从人，这些马从小接受驯养，从“丧失自由而开始，以接受束缚而告终”。人们平常能见到的都是被驯服的马，不是野马。

两千多年前，战国时期的哲学家庄子写过一篇《马蹄》，当代诗人流沙河用白话文写了《庄子马蹄篇演义》，我们一起来读第一节《美哉，自然之马》的前半部分：

漠北大草原，野马动成群。啊，自由的象征！

史前时代，是我们的祖先有求于马，而马无求于人。马与人曾经互不相识，真正平等。

快蹄跑雪踏坚冰，厚毛抗风御寒冷。适应辽阔荒凉的环境，是马的天性。

渴了自寻甜泉喝，饿了自觅茂草啃。喜欢独立自在的生存，是马的天性。

翘起后腿尥（liào）蹶（juě）子，踢偷咬的豺狗，踢追捕的猎人。爱和平，是马的天性。

他说马有三个天性，一是“适应辽阔荒凉的环境”，二是“喜欢独立自在的生存”，三是“爱和平”。所以，马是自由的象征。与人类的相识，是马类的不幸。经过驯化，马还能继续保持它的天性吗？

我们都熟悉唐代文学家韩愈的《马说》，其中说：“世有伯乐，然后有千里马。千里马常有，而伯乐不常有。”伯乐相马的故事早在西汉时就出现在《战国策》中了，好像伯乐是马的恩人。流沙河却说，马被伯乐看中是一种悲哀。我们来读第二节《悲哉，人类之马》的一部分：

> 其实伯乐是一个群体的共名，哪个时代都有，哪个国家都有，可以姓张李王，赵钱孙。……他对马说：“朋友，我了解你。你们谁优谁劣，谁纯谁杂，谁千里谁豆腐，我一眼能看出来。请信任我，同我愉快合作。”那些好出风头的马见他走来，都很激动，引颈长嘶。

自然之马经他之手被改造成了人类之马。本来野马是自由、朴素、天真的野马，“渴了自寻甘泉，饿了自觅茂草，喜了交颈摩擦，怒了回身踹踢”。马做梦也

雪山马群，自然之马

想不到有一天会失去自由。

南美洲有野马，在亚洲的漠北草原上也有很多自由的野马、朴素的野马、天真的野马，它们没有被驯化过。“人有政策，马有对策。”马在被驯化的过程中也学坏了。

1933 年获得诺贝尔文学奖的俄国作家蒲宁在自传体小说《阿尔谢尼耶夫的青春年华》中写了马在马厩里的生活，我们一起来读：

> 马成天站在那里，出声咀嚼着干草和燕麦。马什么时候睡觉，怎样睡觉？马车夫说，马有时也会躺下来睡，然而这是难以想象的。一匹马重得像小山似的，笨拙地倒在地上，这情景想想也觉得可怕。看来，马要到深更半夜才会睡一会儿，其余时间都是站在单马栏里，从早到晚用牙齿把燕麦磨成乳汁，将干草扯开，塞进柔软的双唇之中。那时我们家的每一匹马都很漂亮健壮，马的臀部油光锃亮，摸着这样的马的臀部是非常愉快的。马尾巴又粗又硬，一直拖到地上，而马鬃却异常柔软，马的雪青色大眼睛有时威严而又异样地斜睨着人，不由得使我们想起马车夫

讲的那件可怕的事：每匹马每年都把一个日子秘藏于心中，这是个凶日，到这一天，马要对人进行报复，要千方百计把人害死，因为人役使它，让它过那种只有马才过的生活：天天等着人给它套上挽具，去完成它在尘世的奇怪使命——无休无止地运载、无休无止地奔驰……

每匹马每年都有一个秘藏于心中的凶日，第一次读到这里，我感到震惊。这是蒲宁小时候听马车夫说的，未曾得到验证。

可以确认的是，马也向往自由。

回到布封的《马》：

天然要比人工更美丽些；在一个动物身上，动作的自由就构成美丽的天然。你们试看那些繁殖在南美各地自由自在地生活着的马匹吧：

它们行走着，它们奔驰着，它们腾跃着，既不受拘束，又没有节制；它们因不受羁勒而感觉自豪，它们避免和人打照面；它们不屑于受人照顾，它们能够自己寻找适当的食料；它们在无垠的草原上自由地游荡、蹦跳，采食着四季皆春的气候不断提供的新鲜产品；它们既无一定的住所，除了晴明的天空外又别无任何庇荫，因此它们呼吸着清新的空气，这种空气，比我们压缩它们应占的空间而禁闭它们的那些圆顶宫殿里的空气，要纯洁得多，所以那些野马远比大多数家马来得强壮、轻捷和遒劲。它们有大自然赋予的美质，就是说，有充沛的精力和高贵的精神，而所有的家马则都只有人工所能赋予的东西，即技巧与妍媚而已。

野马与家马有什么不同？家马已经被驯服。野马比家马要强壮、轻捷、遒劲，精力充沛，精神高贵，因为它们是自由的。他还说马的天性绝不凶猛，只是豪迈而狂野。虽然力气在很多动物之上，但是它们从来不攻击其他动物。马总是成群结队而行，作为群居动物，它们这么做纯粹是为了享受群居之乐。它们互相眷恋，彼此依依不舍。它们对其他动物的肉毫无兴趣，青草已足够做它们的食粮。它们的欲望平凡而简单，因为有足够的生存资源，它们无须争夺，也无须互相妒忌。它们只想和平地生活着。

牧场里的马群

马长得怎么样？我们继续读：

在所有的动物中间，马是身材高大而身体各部分又都配合得最匀称、最优美的；因为，如果我们拿它和比它高一级或低一级的动物相比，就发现驴子长得太丑，狮子头太大，牛腿太细太短，和它那粗大的身躯不相称，骆驼是畸形的，而最大的动物，如犀，如象，都可以说只是些未成形的肉团。……马的颚骨虽然很长，它却没有如驴的那副蠢相，如牛的那副呆相。相反地，它的头部比例整齐，却给它一种轻捷的神情，而这种神情又恰好与颈部的美相得益彰。

布封将马与驴子、狮子、牛、骆驼、犀、象这六种动物做了比较，而得出的结论却写在比较之前：马身材高大，身体各部分配合得最匀称、最优美。布封是先有结论，再逐一比较来证实他的结论。我们继续往下读：

马一抬头，就仿佛想要超出它那四足兽的地位。在这样的高贵姿态中，它和人面对面地相觑着。它的眼睛闪闪有光，并且目光十分坦率；它的耳朵也长得好，并且不大不小，不像牛耳太短，驴耳太长；它的鬣毛正好衬着它的头，装饰着它的颈部，给予它一种强劲而豪迈的模样；它那下垂而茂盛的尾巴覆盖着，并且美观地结束着它的身躯的末端：马尾和鹿、象等的短尾，驴、骆驼、犀牛等的秃尾都大不相同，它是密而长的鬃毛构成的，仿佛这些鬃毛就直接从屁股上生长出来，因为长出鬃毛的那个小肉桩子很短。它不能和狮子一样翘起尾巴，但是它的尾巴虽然是垂着的，却于它很适合。由于它能使尾巴两边摆动，它就有效地利用尾巴来驱赶苍蝇。这些苍蝇很使它苦恼，因为它的皮肤虽然很坚实，并且满生着厚密的短毛，却还是十分敏感的。

布封懂马，把马从头到尾的优点都写出来了。他说马一抬起头就想要超越“四足兽的地位”。不难看出，布封对马的定位最要紧的一个词就是高贵。我们从他对马的眼睛的描写上就能感受到它的高贵：“它的眼睛闪闪有光，并且目光十分坦率。”

南北朝诗人庾信的《春赋》称“马是天池之龙种”，那么它自然是一种有灵性的动物。

当代中国作家张远山写了一则寓言《马》，开篇就说：

没有人会否认，马是上帝创造的最完美的动物。斯威夫特在《格列佛游记》中，甚至认为在一个理想的国度里，马才是万物之灵长，而人类则是马的奴仆。

这些说法都可以与布封的观点遥相呼应。“天池之龙种”“最完美的动物”“万物之灵长”，都指向“高贵”。我们继续来读：

在不产马的美洲，印第安人竟能无中生有地想象，天神就该是马的样子。因此当西班牙征服者皮萨罗骑着马踏上美洲大陆时，印第安人迅速地屈服了，迅速得让自信不可战胜的征服者们也吃惊了。可以说，征服美洲的根本不是这些美洲人的欧洲同类，而是上帝的真正杰作——完美无缺的马。而屈服于马的印第安人，却被自己的欧洲同类假借上帝的名义屠杀殆尽。人的卑劣，更反证了马的高贵。

…………

使人类获益最多的除了马，还有狗。然而狗眼看人低，所以狗对人无限顺从；马却使人站得更高，看得更远，尽管马对人从未真正驯服过。因此，诗人们对狗的赞美，大大超过对马的赞美。我不认为诗人们应该为此受到谴责。因为诗人可以俯视着赞美狗，却不能仰望着赞美马——那是阿谀。而阿谀是一把双刃剑，会同时葬送阿谀者与被阿谀者。诗人们明白，只有当人像马一样高贵时，才能尽情地倚马万言。狗是渴望被豢养的，而马渴望旷野。在不产马的美洲原野上，现在到处是皮萨罗们带去的马的后代——但它们成了真正的野马，无可争议的天地之骄子。我为它们的“久在樊笼里，复得返自然”，感到由衷的欢欣。

狗眼看人低，而“马却使人站得更高，看得更远”，人是骑在马背上看世界的。“久在樊笼里，复得返自然”是东晋诗人陶渊明的诗，在不产马的美洲，如今到处是成为自然之马的野马。

中国当代散文家吴伯箫孩提时起就喜欢马，他写过一篇《马》：

> 三四岁，话怕才咿呀会说，亦复刚刚记事，朦胧想着，仿佛家门前，老槐树荫下，站满了大圈人，说不定是送四姑走呢。老长工张五，从东院牵出马来，鞍鞯都已齐备，右手是长鞭，先就笑着嚷：跟姑姑去吧？说着一手揽上了鞍去，我就高兴着忸怩学唱：骑白马，吭铃吭铃到娘家……大家都笑了。准是父亲，我是喜欢父亲而却更怕父亲的，说：下来吧！小小的就这样皮。一团高兴全飞了。

说起鞍鞯和长鞭，只要读过《木兰诗》，我们肯定熟悉其中这句话：“东市买骏马，西市买鞍鞯，南市买辔头，北市买长鞭。”我们继续读这篇《马》：

> 家乡的日子是有趣的。大年初三四，人正闲，衣裳正新，春联的颜色与小孩的兴致正浓。村里有马的人家，都相将牵出了马来。

雪掩春田，正好驰骤竞赛呢。总也有三五匹吧，骑师是各自当家的。我们的，例由比我大不了几岁的叔父负责，叔父骑腻了，就是我的事。观众不少啊：合村的祖伯叔，兄弟行辈，年老的太太，较小的邻舍侄妹，一凑就是近百的数目。崭新的年衣，咳笑的乱语，是同了那头上亮着的一碧晴空比着光彩的。骑马的人自然更是鼓舞有加喽。一鞭扬起，真像霹雳弦惊，飕飕的那耳边风丝，恰应着一个满心的矜持与欢快。驰骋往返，非到了马放大汗不歇。毕剥的鞭炮声中，马打着响鼻，像是凯旋，人散了。那是一幅春郊试马图。

吴伯箫回忆童年的美好时光，娓娓道来，令人神往。从春天到夏天，骑马的童年是吴伯箫一辈子忘不了的：

端阳，正是初夏，天气多少热了起来。穿了单衣，戴着箬笠，骑马去看戚友，在途中，偶尔河边停步，攀着柳条，乘乘凉，顺便也数数清流的游鱼，听三两渔父，应着活浪活浪的水声，哼着小调儿，这境界一品尚书是不换的。不然，远道归来，恰当日衔半山，残照红于榴花，驱马过三家村边，酒旗飘处，斜睨着“闻香下马”那么几个斗方大字，你不馋得口流涎么？才怪！鞭子垂在身边，摇摆着，狗咬也不怕。“小妞！吃饭啦，还不给我回家！”你瞧，已是吃大家饭的黄昏时分了呢。把缰绳一提，我也赶我的路。到家掌灯了，最喜那满天星斗。

真是家乡的日子是有趣的。

家乡的日子为什么有趣？有马骑一定是其中的重要原因。他到城里上学，七天才回一次家，每次回来总要过过马瘾的。他父亲喜欢骑马，祖父也爱马。我们继续读：

春天是好骑了马到十里外的龙潭看梨花的。秋来也喜去看矿山的枫叶。……

最记得一个冬天，满坡白雪，没有风，老人家忽而要骑马出去了，他就穿了一袭皮袍，暖暖的，系一条深紫的腰带，同银白的胡须对比的也戴了一顶绛紫色的风帽，宽大几乎当得斗篷，马是棕色的那一匹吧，跟班仍旧是我。出发了呢？那情景永远忘不了。虽没去做韵事，寻梅花，当我们到岭巅头，系马长松，去俯瞰村舍里的缕缕炊烟，领略那直到天边的皓洁与荒旷的时候，却是一个奇迹。

……可是我还是喜欢马呢：不管它是银鬃，不管它是赤兔，也不管它是泥肥骏瘦，蹄轻鬣长，我都喜欢。我喜欢刘玄德跃马过檀溪的故事，我也喜欢“泥马渡康王”的传说，即使荒诞不经吧，却都是那样神秘超逸，令人深深向往。

他爷爷除了爱马，还爱《三国志》等几部老书。难怪他从小熟悉跃马过檀溪的故事，那匹危急之际救了刘备（玄德）的马叫“的卢”。“马作的卢飞快，弓如霹雳弦惊”，南宋词人辛弃疾的《破阵子》说的正是“的卢”。《三国志》中更著名的是赤兔马，有“人中吕布，马中赤兔”这样的说法。吕布被擒杀，赤兔马就归了关羽。至于“泥马渡康王”的传说则来自《说岳全传》，骑着泥马渡江的康王赵构开启了南宋偏安时代，号宋高宗。

文章写到最后，吴伯箫收到弟弟来信，说“家里才买了一匹年轻的马，挺快的……”他有点想家了。这结尾如此自然而又意味深长。他虽与故乡渐行渐远，然而，一想到马，他就想起了在故乡度过的童年、少年时光。

当代作家冯并在《马的遐思》中提及自己初到草原第一次学骑马的事，他选中了一匹雪白雪白却性格暴烈的“生个子”马，它又踢又咬，将他重重掀翻在地。所以，好长时间他都不敢再接近这匹白马，只能出神地远望着它。我们一起读下面这段：

> 终于，这匹白马带着景泰蓝的鞍鞯跑来了。牧马人丹森把缰绳扔给我，微笑着说：“骑吧，它会把你带到云彩里去。”……他说，这匹白马会成为第一流的走马的，至于它的暴烈，多半倒是因为它的胆小易惊。

好一句“骑吧，它会把你带到云彩里去”！多美的句子，竟出自一个憨厚的牧马人之口。

最后，这匹白马成了一匹真正的骏马，好像真的能把作者带到云彩里了。

印度诗人泰戈尔的《新月集》里有一篇《英雄》，

泰戈尔

全诗以儿子的口吻写成：

妈妈，让我们想象我们正在旅行，经过一个陌生而危险的国度。

你坐在一顶轿子里，我骑着一匹红马……

多美的诗啊，英雄骑在红色的马上。

1943 年 12 月，诗人俞铭传一边在西南联大的清华文科研究所攻读，一边任外文系助教。17 日那一天，他写了一首《马》，大家一起来读：

达尔文笑眯了眼睛，
冷看这些不肖的子孙

腰上涂着自己的粪便，
胸上刻着肋骨的条纹，
额上堆着一团夕阳衰草；
沙皇的皮鞭
不能震撼它们的神经。

达尔文冷看着的不肖的子孙是谁？自然是马。

它们的身上挂着流脓流血的疮孔，
随着流去的还有祖先的光荣。
它们已经不能追忆
它们的祖先如何地
在原始的洞穴里改变了脚趾的数目，
跳出莽丛，气死了豺狼虎豹；
如何地披上大马士革的锦缎，
陪伴着琵琶公主漫游春郊；
…………
追逐着狂飙，
骋驰于欧亚大陆。

赵子昂曾经在历史上画了一笔
亚门！
一只希腊古瓶
借着铁笔的灵性，
从刹那中创造永恒。

五百年后它们的背上会不会生长驼峰？
五百年后它们的子孙会不会发掘恐龙的梦？

是马成就了马背上的民族，尤其是“骋驰于欧亚大陆”的成吉思汗和蒙古族骑兵。

为什么诗人又想到了赵子昂，说他在历史上“画”了一笔？因为赵子昂擅长画马。《红楼梦》中有一句话：“宋徽宗的鹰，赵子昂的马都是好画儿。”赵子昂就是元代书法家赵孟頫，他是宋代皇室后裔，擅长画马。清代小说家蒲松龄的《聊斋志异》中有一篇《画马》，其中甚至说赵子昂的马能从画上下来，成为“画妖”。

自古以来，就有许多画家以画马著名，比如唐代的韩干，他与擅长画牛的戴嵩被苏轼合称为“韩马戴牛”。苏轼的弟弟，也是“唐宋八大家之一”的苏辙曾写过一首《韩干三马》，其中说：“画师韩干岂知道，画马不独画马皮。画出三马腹中事，似欲讥世人莫知。”这是知韩之论，韩干画马，不仅能画出马的外形，还能画出马的心事。

唐代画家韩滉也很喜欢画牛马。当代作家冯并在散文《马的遐思》中说：“马也是画家和雕刻家们着意刻写的对象。唐代的韩滉画牛马极工，近人徐悲鸿先生更以奔马名世。著名的昭陵六骏，则是我国古代雕塑的艺术珍品。”

昭陵六骏就是照着唐太宗心爱的六匹骏马刻的。二十世纪初，其中两骏石刻被盗卖至海外，现藏于美

内蒙古草原上的骏马

国费城宾夕法尼亚大学博物馆。1918年，美国古董商人毕士博准备盗走另外四骏石刻，为了方便运输，他命人将它们碎成数块，后被陕西当地民众拦截。西安碑林博物馆如今保存着已经被拼合修复的这四骏浮雕石刻。

宋代画家李公麟，号龙眠居士，擅长画马，苏轼称赞说："龙眠胸中有千驷，不独画肉兼画骨。"说他胸有千马，画肉也画骨。"苏门四学士"之一，又与苏轼合称"苏黄"的诗人和书法家黄庭坚却赞许他："李侯画骨不画肉，笔下马生如破竹。"说他画马如破竹，有骨无肉。

在西方的名画中也经常出现马，比如法国画家雅克-路易·大卫于1801—1805年间所作的油画《跨越阿尔卑斯山圣伯纳隘道的拿破仑》，画中拿破仑胯下之马前蹄高高扬起，身姿矫健。

马不仅受到画家和雕刻家的青睐，它们在中国古诗中的出镜率也很高。

我喜欢汉代诗人陈琳的这句诗：

饮马长城窟，水寒伤马骨。

我也喜欢《古诗十九首》中的这句：

胡马依北风，越鸟巢南枝。

马的形象在唐诗中也到处可见：从王维的“相逢意气为君饮，系马高楼垂柳边”到岑参的“马上相逢无纸笔，凭君传语报平安”，从王翰的“葡萄美酒夜光杯，欲饮琵琶马上催”到王昌龄的“但使龙城飞将在，不教胡马度阴山”，从李白的“挥手自兹去，萧萧班马鸣”到杜甫的“落日照大旗，马鸣风萧萧”。

马也不断出现在宋诗宋词和元曲中：从柳永的“长安古道马迟迟”到辛弃疾的“宝马雕车香满路”，从陆游的“楼船夜雪瓜洲渡，铁马秋风大散关”到辛弃疾的“想当年，金戈铁马，气吞万里如虎”，以及马致远的名句“古道西风瘦马”。马致远这里写的是不同的马——瘦马，那瘦得连骨头都看得见的马，常常让我想起“水寒伤马骨”。

俄国诗人叶赛宁在《马群》中说：

春天的日子在马儿的耳朵上嗡嗡，
用亲切的期待欢迎第一批苍蝇。

但是到傍晚，马儿又到了草原，
尥着蹶子，耳朵“啪啪”地直扇。

这嗡嗡声绕着马蹄，越来越响亮，
低沉到空气中，高挂到柳树枝儿上。

…………

太阳落山。寂静又笼罩草场。
牧童把一支小小的角笛吹响。

马儿出神地听着。它们在想象：
是羽毛蓬乱的神鸟在向它们歌唱。

…………

故乡啊，我热爱你的白天和黑夜，
就为你编了这段诗歌和音乐。

我想起“对牛弹琴”这个成语，这首诗里说的岂不是“对马吹笛”？这是一匹听得懂角笛声的马吗？

战马之外，还有驮马。现代作家施蛰存的散文《驮马》中说，“西北有二万匹骆驼，西南有十万匹驮马”，一队驮马通常有八匹、十匹或十二匹，也有多到十六匹或二十匹的。在没有汽车、火车的时代，人们主要是靠驮马运贩茶叶、盐、米等，走在崎岖的山路上：

我们看着那些矮小而矫健的马身上的热汗，和它们口中喷出来的白沫，心里将感到怎样的沉重啊！

这让我想起诗人臧克家的那首《老马》：

总得叫大车装个够，
他横竖不说一句话，
背上的压力往肉里扣，
他把头沉重地垂下！

这刻不知道下刻的命，
他有泪只往心里咽，
眼里飘来一道鞭影，
他抬起头望望前面。

这是拉车的老马，臧克家为老马鸣不平。俄国作家列夫·托尔斯泰也写过一匹老马，一匹衰老的骟马，他通过这匹名叫霍尔斯托梅尔的老马的命运，揭露它主人如何巧取豪夺、尽情挥霍。那是作家在代马立言。俄国作家屠格涅夫这样回忆：

那是夏天，在农村，傍晚时我们在离庄园不远的牧场上散步，发现那里立着一匹老马，模样十分可怜，疲惫不堪，四肢弯曲，瘦骨嶙峋，衰老和劳累把它完全压垮了：连草都叼不起来，只能站着挥动尾巴，驱赶那些搅扰它的苍蝇。我们向这匹马走去，这是匹可怜的骟马。托尔斯泰开始抚摸它，同时说，根据他的看法，马也应当是有感情的、能思考的。我简直听得出了神。托尔斯泰不仅自己，同时也把我带进这个不幸的生物的凄凉处境里去了。我无法自制，对他说："也许，列夫·尼古拉耶维奇，你过去什么时候真的是一匹马吧。"

列夫·尼古拉耶维奇是屠格涅夫对托尔斯泰的称呼。中国作家沈从文就说自己是一匹马，不过是斑马："近于'顽固不化'的无从驯服的斑马。"

现代诗人艾青写过一首《小马》，大家一起来读：

跟随在牝（pìn）马的后面，
新生的小马跳跃过田塍（chéng），
短短的鬃毛摆动着，

小小的蹄子得得的响，
它是多么欢愉，新鲜，
活泼而富有力量啊！
——来在世界上
它还不曾尝过苦辛。

老马已尝够世上的辛苦，而小马来到这个世界不久，“欢愉，新鲜，活泼而富有力量”。

在 1987 年诺贝尔文学奖获得者布罗茨基的《黑马》中，那匹黑马是那么神气，那么骄傲。我们来读其中一部分，来自吴笛的译本：

我不记得比它更黑的物体。
它的四脚黑如乌煤。
它黑得如同夜晚，如同空虚。
周身黑咕隆咚，从鬃到尾。
但它那没有鞍子的脊背上
却是另外一种黑暗。
它纹丝不动地伫立，仿佛正在沉睡。
它蹄子上的黑暗令人心惊胆战。

它浑身漆黑，感觉不到身影。

如此漆黑，黑到了顶点。
如此漆黑，仿佛处于针的内部。
如此漆黑，就像子夜的黑暗。

“黑得如同夜晚”、黑得“就像子夜”的黑马是和时间连在一起的。我们接下来读读诗人痖弦的《歌》：

谁在远方哭泣呀
为什么那么伤心呀
骑上金马看看去
那是昔日

谁在远方哭泣呀
为什么那么伤心呀
骑上灰马看看去
那是明日

谁在远方哭泣呀
为什么那么伤心呀
骑上白马看看去
那是恋

一匹正在吃草的黑马

谁在远方哭泣呀
为什么那么伤心呀
骑上黑马看看去
那是死

这首诗里一共有四匹马：金马、灰马、白马、黑马。金马代表昨日，灰马代表明日，白马代表爱恋，黑马代表死亡。诗人说，可以骑着金马去看昔日，骑着灰马去看明日。这四匹马也可以说与时间有关。这首诗里也出现了黑马，却和布罗茨基的黑马不一样。

快是马的特点，所以人类常以马来喻时间，所谓“白驹过隙”，就是形容光阴之快如白马跑过缝隙。庄子在《知北游》中说：“人生天地之间，若白驹之过隙，忽然而已。”《诗经》中也有“皎皎白驹”的诗句。

德国作家歌德在他的剧作《爱格蒙特》中有这样一段独白：“孩子，孩子，不要说下去了！光阴的白驹像是被不可见的幽灵鞭策那样拽着我们的命运的轻车走了，我们已没有别的办法，只有勇敢地镇定地紧握着马缰，催动车轮，时而左，时而右来闪避这儿的石头，躲开那儿的悬崖吧。到哪儿去，谁知道呢？从哪儿来，差不多也记不清了！”

这里出现了“光阴的白驹”。中国当代诗人顾城说

歌德雕像

得更直接：“天地如一粒米，时光如白马过隙……”

法国诗人苏佩维艾尔写过一首诗《时间的群马》，大家一起来读：

当时间的群马驻足在我门前的时候，
我总有点踌躇去看它们痛饮，
因为它们拿着我的鲜血去疗渴。
它们向我的脸儿转过感谢之眼，
同时它们的长脸儿使我周身软弱，
又使我这样地累，这样地孤单而恍惚，
因而一个短暂的夜便侵占了我的眼皮，
并使我不得不在心头重整精力，
等有一天这群渴马重来的时候，
我可以苟延残命并为它们解渴。

我的问题是：这首诗跟庄子、顾城他们的话有什么关联？

“时间的群马”也就是时间，跟庄子说的一样。苏佩维艾尔把时间看作群马，“等有一天这群渴马重来的时候”，他已经很老了。

我们来读诗人覃子豪的诗《追求》：

大海中的落日
悲壮得像英雄的感叹
一颗星追过去
向遥远的天边

黑夜的海风
刮起了黄沙
在苍茫的夜里
一个健伟的灵魂
跨上了时间的快马

时间在他心中就是一匹快马。“时间的快马”“白驹过隙”“时间的群马”，都是把快马跟时间连在一起。我们再来读诗人西渡的《黎明》的片段：

且让我们平静地想象
一匹白马等待黎明
我打开窗户
眺望那林中的身影

这里等待黎明的“一匹白马”到底是什么？是真的白马吗？或者像法国诗人苏佩维艾尔说的，是“时间的群马”？

中国诗人余光中写过一首《马年》，我们来读其中一部分：

听说十二载才一次轮回
向辽阔的黄道让我侧耳
听神话的深处有无蹄声
隐隐地传来。历书都已上市了
说小寒初临，大寒将至
天河未解冻，溅不起水声
但冷血的蛇尾已经要入洞
躲避骤来的前蹄踢踏
踏破荒凉的冻土。大地寂寂
只等神御者造父，或神探伯乐
向旷野一声呼哨……
…………
向秦俑的阵旁，胡兵的胯下
向曹霸的绢素，唐匠的三彩
唤回秦琼啊英雄末路
忍痛卖掉的黄骠，唤醒
昭陵的六匹神骏，久被石囚
唤起什伐赤，特勒骠，白蹄乌

青骓，飒露紫，还有黄身黑喙
拳毛騧（guā）峻耳批竹，傲骨成棱
扬蹄一嘶就半天风云
骁腾啸引着骏逸呼应着骁腾
　涉过天河
　跨过天堑
　奔过沙场
　逐过中原

马年跟时间有关，马年出生的人生肖属马。余光中想到了历史上那些有名的马，英雄末路，唐朝的开国元勋秦琼忍痛要把他的黄骠马卖掉，《说唐》这部小说开篇第五回写的就是秦琼卖马。昭陵六骏前面我们讲过了。

我们再读诗人西渡的诗《属马的姑娘走在兰州——给 Y》的片段：

我二十一岁的姑娘
你属马
属于那种熟悉流浪的马匹
驮重的马匹
长期伴我走过山峰和谷地

沉默的目光
逼近我内心的隐痛

你就是我美丽的妻子
坐在婚礼的枕头上
一盏乡下的豆油灯
晃起两湖净水

他还写了一首《最小的马》：

最小的马
我把你放进我的口袋里
最小的马
是我的妻子在婚礼上
吹灭的月光
最小的马
我听见你旷野里的啼哭
像一个孩子
…………
睡在我的口袋里
最小的马
我默默数着消逝

的日子，和你暗中相爱
你像一盏灯
就睡在我的口袋里

最小的马为什么可以放进口袋？那是什么？我在上课的时候，有童子回答说是怀表。怀表是催眠的月光吗？怀表是“默默数着消逝 / 的日子”吗？认为怀表是可以放进口袋里最小的马，是蛮有想象力的。表代表什么？代表时间。马常常是跟“快”连在一起，跟时间连在一起。

诗人周梦蝶在《集句六帖》第六节中这样写：

刚睡醒的林野
一条小路如竹马
自童年那边
款款行来
天空是紫丁香色

竹马是什么？就是青梅竹马的竹马，是“郎骑竹马来”的竹马，小孩子把一根竹鞭子当作一匹马，骑着它就好像在骑马一样。竹马曾给多少人的童年带来过快乐，这时候的天空都是紫丁香色的。

最后我们来读诗人痖弦《我的灵魂》中的一小节：

啊啊，在演员们辉煌的面具上
且哭且笑。我的灵魂
藏于木马的肚子里
正准备去屠城。我的灵魂
躲在一匹白马的耳朵中
听一排金喇叭的长鸣。……

马的故事其实常常是人的故事，中国有很多这样的故事，比如白马非马、田忌赛马、指鹿为马、马革裹尸，还有诸葛亮发明木牛流马……古希腊的《荷马史诗·伊利亚特》中讲述了有军队藏于木马的肚子里攻入特洛伊城的故事，也就是上面这首诗中提到的。电脑中的病毒为什么叫木马？这个木马病毒的名称就是从《荷马史诗》里的木马来的。我们与马的对话就在这里停下吧。

A Talk with Horses

/

读

马蹄（节选）

〔战国〕庄子

马，蹄可以践霜雪，毛可以御风寒，龁（hé）草饮水，翘足而陆，此马之真性也。虽有义台、路寝，无所用之。及至伯乐，曰："我善治马。"烧之，剔之，刻之，雒[1]之，连之以羁𩊚[2]，编之以皂栈[3]，马之死者十二三矣！饥之，渴之，驰之，骤之，整之，齐之，前有橛[4]饰之患，而后有鞭策之威，而马之死者已过半矣！陶者曰："我善治埴[5]，圆者中规，方者中矩。"匠人曰："我善治木，曲者中钩，直者应绳。"夫埴木之性，岂欲中规矩钩绳哉？然且世世称之曰："伯乐善治马，而陶匠善治埴木。"此亦治天下者之过也。

…………

夫马，陆居则食草饮水，喜则交颈相靡，怒则分背相踶[6]。马知已此矣！夫加之以衡扼，齐之以月

[1] 古同"烙"，用烙铁留下标记。

[2] 马络头和绊马索。𩊚，读音为 zhí。

[3] 饲马的槽和安放在马脚下用以防潮的马床。

[4] 马衔在口中的木头，相当于现在的马口铁，读音为 jué。

[5] 黏土，读音为 zhí。

[6] 抬脚踢斗，读音为 dì。

题[1]，而马知介倪[2]、闉扼[3]、鸷曼[4]、诡衔[5]、窃辔[6]。故马之知而态至盗者[7]，伯乐之罪也。

[1] 马额上的佩饰，形状像月亮。

[2] 侧目怒视。

[3] 弯着脖子抗拒扼木。闉，读音为yīn。

[4] 暴戾不驯服。

[5] 诡谲地想吐出口中的嚼子。

[6] 偷偷地想脱掉头上的缰绳。

[7] 以马的智力能做出与人对抗的事情。态，原为“態”，通“能”；盗，与人对抗。

庄子马蹄篇演义（节选）

流沙河

美哉，自然之马

漠北大草原，野马动成群。啊，自由的象征！

史前时代，是我们的祖先有求于马，而马无求于人。马与人曾经互不相识，真正平等。

快蹄跑雪踏坚冰，厚毛抗风御寒冷。适应辽阔荒凉的环境，是马的天性。

渴了自寻甜泉喝，饿了自觅茂草啃。喜欢独立自在的生存，是马的天性。

翘起后腿尥蹶子，踢偷咬的豺狗，踢追捕的猎人。爱和平，是马的天性。

马群告别故乡，被卖进城。看见高楼大厦，非常吃惊。母马嘶叫："天啦，里面居然住人！"公马喷鼻："但愿这里不住我们。"

与人类的相识，乃马类的不幸。一旦被相马权威伯乐先生看中，检验合格，便是马最大的不幸。伯乐通知马主人："牵那畜生来受训。"从此开始苦难的历程。

悲哉，人类之马

训练班的总教练是伯乐，姓孙，名阳，又名伯乐，以马师的身份侍候爱马的秦穆公。其实伯乐是一个群体的共名，哪个时代都有，哪个国家都有，可以姓张李王，赵钱孙。他对人说："鄙人的特长是整治畜生。"他对马说："朋友，我了解你。你们谁优谁劣，谁纯谁杂，谁千里谁豆腐，我一眼能看出来。请信任我，同我愉快合作。"那些好出风头的马见他走来，都很激动，引颈长嘶。

训练课程可分两个阶段。

第一阶段，烙烧杂毛，理鬃剪鬣，修脚钉掌，火印打号，装笼头，衔嚼铁，系缰绳，又用皮带捆扎背部、胸部、腋部、腹部、臀部，再拖进马棚内，关入槽枥，押上栈床，其事甚烦。有一些天性倔强的马，受不了一连串的厚爱，或咬或踢，怙恶不悛，遂被拉到屠场，宰了卖肉。第一阶段结束，十有二三之马被杀。

第二阶段，耐饥考验，饿毙一批；耐渴考验，又渴死一批；测试高速长跑能力，倒毙一批；突然加速，说是培养爆发力，又累死一批。整顿作风，淘汰自由散漫分子，统一步调，清洗离心离德分子。这两类被叫作害群之马，当场屠了示众。第二阶段结束，十有五六之马已呜呼了。

伯乐训练班能卒业的马仅有小部分，均获毕业证，被称为良骏。因其毛色互异，赐以嘉名，例如骅、骝、骢、骃、骍、骓、骐、骠、骟、骊，都很好听。可怜这些骏马，口中嚼铁横卡，压疼舌根硌疼牙，缰绳一拉，勒痛嘴巴，全身绊绊挂挂，从颈项周围到肛门上下，屁股还要挨鞭打，说不出的尴尬，天性完全抹杀。自然之马，悲哉，被改造成人类之马！

岂但整治马匹，人间七十二行，行行都有伯乐先生。陶匠说：“鄙人的特长是整治黏土，捏造陶器，圆的溜圆，方的正方。不信请用圆规比比，矩尺量量。”木匠说：“鄙人的特长是整治木料，打造木器，曲的正曲，直的笔直。不信请用曲线板比比，直尺量量。”伯乐何其多呀！

马师强奸马意，还以为马应该谢他的恩。似乎马喜欢被整治，被勒，被鞭。

陶匠强奸土意，还以为土应该谢他的恩。似乎土喜欢被整治，被圆，被方。

木匠强奸木意，还以为木应该谢他的恩。似乎木喜欢被整治，被曲，被直。

有谁尊重马的天性，土的天性，木的天性，为马呼吁，为土呼吁，为木呼吁。我只听见一片激赏之声，说孙马师本领高，说张陶匠技艺强，说李木匠工夫好。

人有政策，马有对策

漠北大草原，自由的野马，朴素的野马，天真的野马，渴了自寻甜泉，饿了自觅茂草，喜了交颈摩擦，怒了回身踹踢。生活方式简单，学得这四方面的技术，够之足矣。文明人的狡狯狃（niǔ）狠，马不明白。马做梦也想不到人有那样坏。

一经整治，马就明白。人有政策，马有对策。马被派去拉车，背上压辕，颈上套轭，额上戴累赘的铜镜，奈何不得。马失群而孤绝，用阴险的目光看周围的一切。扭颈缩项，诡计脱轭。猛拖蛮撞，皮带断裂。偷咬缰绳，暗吐嚼铁。鬼鬼祟祟，似人做贼。朴素天真，完全毁灭。谁逼马学坏的？伯乐伯乐，难逭[1]罪责！

[1] 逃、避的意思，读音为 huàn。

马说

〔唐〕韩愈

世有伯乐，然后有千里马。千里马常有，而伯乐不常有。故虽有名马，祇辱于奴隶人之手，骈死于槽枥之间，不以千里称也。

马之千里者，一食或尽粟一石。食马者不知其能千里而食也。是马也，虽有千里之能，食不饱，力不足，才美不外见，且欲与常马等不可得，安求其能千里也？

策之不以其道，食之不能尽其材，鸣之而不能通其意，执策而临之，曰："天下无马！"呜呼！其真无马邪？其真不知马也！

伯乐相马

〔汉〕刘向

人有卖骏马者，比三旦[1]立市，人莫之知。往见伯乐，曰："臣有骏马，欲卖之，比三旦立于市，人莫与言。愿子还而视之[2]，去而顾之[3]，臣请献一朝之贾[4]。"伯乐乃还而视之，去而顾之，一旦而马价十倍。

（节选自《战国策》）

---

[1] 连续三天。

[2] 绕着马看看。

[3] 离开时再回头看看。

[4] 一天的收入。

马

吴伯箫

“马是天池之龙种”。那自是一种灵物。

——庾信《春赋》

也许是缘分，从孩提时候我就喜欢了马。三四岁，话怕才咿呀会说，亦复刚刚记事，朦胧想着，仿佛家门前，老槐树荫下，站满了大圈人，说不定是送四姑走呢。老长工张五，从东院牵出马来，鞍鞯都已齐备，右手是长鞭，先就笑着嚷：跟姑姑去吧？说着一手揽上了鞍去，我就高兴着忸怩学唱：骑白马，吭铃吭铃到娘家……大家都笑了。准是父亲，我是喜欢父亲而却更怕父亲的，说：下来吧！小小的就这样皮。一团高兴全飞了。下不及，躲在了祖母跟前。

人，说着就会慢慢儿大的。坡里移来的小桃树，在菜园里都长满了一握。姐姐出阁了呢。那远远的山庄里，土财主。每次搬回来住娘家，母亲和我们弟弟，总是于夕阳的辉照中，在庄头眺望的。远远听见了銮铃声响，隔着疏疏的杨柳，隐约望见了在马上招手的客人，母亲总禁不住先喜欢得落泪。我们也快活得像几只鸟，叫着跑着迎上去。问着好，从伙计的手中接过马辔来，姐姐总说："又长高了。"车门口，也是彼此问着好；客人尽管是一边笑着，偷回首却是满手帕的泪。

家乡的日子是有趣的。大年初三四，人正闲，衣裳正新，春联的颜色与小孩的兴致正浓。村里有马的人家，都相将牵出了马来。雪掩春田，正好驰骤竞赛呢。总也有三五匹吧，骑师是各自当家的。我们的，例由比我大不了几岁的叔父负责，叔父骑腻了，就是我的事。观众不少啊：合村的祖伯叔，兄弟行辈，年老的太太，较小的邻舍侄妹，一凑就是近百的数目。崭新的年衣，咳笑的乱语，是同了那头上亮着的一碧晴空比着光彩的。骑马的人自然更是鼓舞有加喽。一鞭扬起，真像霹雳弦惊，飕飕的那耳边风丝，恰应着一个满心的矜持与欢快。驰骋往返，非到了马放大汗不歇。毕剥的鞭炮声中，马打着响鼻，像是凯旋，人散了。那是一幅春郊试马图。

那样直到上元，总是有马骑的亲戚家人来人往，驴骡而外，代步的就是马。那些日子，家里最热闹，年轻人也正蓬勃有生气。姑表堆里，不是常常少不了戏谑么？春酒筵后，不下象棋的，就出门遛几趟马。

孟春雨霁，滑汯（tà）的道上，骑了马看卷去的凉云，麦苗承着残滴，草木吐着新翠，那一脉清鲜的泥土气息，直会沁人心脾。残虹拂马鞍，景致也是宜人的。

端阳，正是初夏，天气多少热了起来。穿了单衣，戴着箬笠，骑马去看戚友，在途中，偶尔河边停步，攀着柳条，乘乘凉，顺便也数数清流的游鱼，听三两渔父，应着活浪活浪的水声，哼着小调儿，这境界一品尚书是不换的。不然，远道归来，恰当日衔半山，残照红于榴花，驱马过三家村边，酒旗飘处，斜睨着“闻香下马”那么几个斗方大字，你不馋得口流涎么？才怪！鞭子垂在身边，摇摆着，狗咬也不怕。“小妞！吃饭啦，还不给我回家！”你瞧，已是吃大家饭的黄昏时分了呢。把缰绳一提，我也赶我的路。到家掌灯了，最喜那满天星斗。

真是家乡的日子是有趣的。

当学生了。去家五里遥的城里。七天一回家，每次总要过过马瘾的。东岭，西洼，河埃，丛林，踪迹殆遍殆遍。不是午饭都忘了吃么？直到父亲呵叱了，才想起肚子饿来。反正父亲也是喜欢骑马的，呵叱那只是一种担心。啊，生着气的那慈爱喜悦的心啊！

祖父也爱马，除了像《三国志》那样几部老书。

春天是好骑了马到十里外的龙潭看梨花的。秋来也喜去看矿山的枫叶。马夫，别人争也无益，我是抓定了的官差。本来么，祖孙两人，缓辔蹒跚于羊肠小道，或浴着朝暾（tūn），或披着晚霞，闲谈着，也同乡里交换问寒问暖的亲热的说话；右边一只鸟飞了，左边一只公鸡喔喔在叫，在纯朴自然的田野中，我们是陶醉着的。Old man is the twice of child，我们也志同道合。

最记得一个冬天，满坡白雪，没有风，老人家忽而要骑马出去了，他就穿了一袭皮袍，暖暖的，系一条深紫的腰带，同银白的胡须对比的也戴了一顶绛紫色的风帽，宽大几乎当得斗篷，马是棕色的那一匹吧，跟班仍旧是我。出发了呢？那情景永远忘不了。虽没去做韵事，寻梅花，当我们到岭巅头，系马长松，去俯瞰村舍里的缕缕炊烟，领略那直到天边的皓洁与荒旷的时候，却是一个奇迹。

说呢，孩子时候的梦比就风雨里的花朵，是一招就落的。转眼，没想竟是大人了。家乡既变得那样苍老，人事又总坎坷纷乱，闲暇少，时地复多乖离，跃马长堤的事就稀疏寥落了。可是我还是喜欢马呢：不管它是银鬃，不管它是赤兔，也不管它是泥肥骏瘦，蹄轻鬣长，我都喜欢。我喜欢刘玄德跃马过檀溪的故事，我也喜欢“泥马渡康王”的传说，即使荒诞不经吧，却都是那样神秘超逸，令人深深向往。

徐庶走马荐诸葛，在这句话里，我看见了大野中那位热肠的而又洒脱风雅的名士。骑马倚长桥，满楼红袖招，你看那于绿草垂杨临风伫立的金陵年少，丰采又够多么英俊翩翩呢。固然敝车羸马，颠顿于古道西风中，也会带给人一种寂寞怅惘之感的，但是，这种寂寞怅惘，不是也正可于或种[1]情景下令人留恋的么？——前路茫茫，往哪里去？当你徘徊踟蹰时就姑且信托一匹龙钟的老马，跟了它一东二冬的走吧。听说它是认识路的。譬如那回忆中幸福的路。

你不信么？“非敢后也，马不进也。”那个落落大方说着这样话的家伙，要在跟前的话，我不去给他执鞭坠镫才怪哪。还有那冯异将军的马，看着别人擎着一点点劳碌就都去觍颜献功，而自己的主人却踢开了丰功伟烈，兀自巍然堂堂地站在了大树根下，仿佛只是吹吹风的那种神情的时候，不该照准了那群不要脸的东西去乱踢一阵，而也跑到旁边去骄傲的跳跃长啸么？那应当是很痛快的事。

十万火急的羽文，古时候有驿马飞递：探马报道，寥寥四个字里，活活绘出了一片马蹄声中那营帐里的

[1] 即“某种”的意思。

忙乱与紧急，百万军中，出生入死，不也是凭了征马战马才能斩将搴旗的么？飞将在时，阴山以里就没有胡儿了。

落日照大旗，马鸣风萧萧。

哙，怎么这样壮呢！胆小的人不要哆嗦啊，你看，那风驰电掣地闪了过去又风驰电掣地闪了过来的，就是马。那就是我所喜欢的马。——弟弟来信说，“家里才买了一匹年轻的马，挺快的……”真是，说句儿女情长的话，我有点儿想家。

木兰诗

〔南北朝〕佚名

唧唧复唧唧，木兰当户织。不闻机杼声，唯闻女叹息。

问女何所思，问女何所忆。女亦无所思，女亦无所忆。昨夜见军帖，可汗大点兵，军书十二卷，卷卷有爷名。阿爷无大儿，木兰无长兄，愿为市鞍马，从此替爷征。

东市买骏马，西市买鞍鞯，南市买辔头，北市买长鞭。旦辞爷娘去，暮宿黄河边，不闻爷娘唤女声，但闻黄河流水鸣溅溅。旦辞黄河去，暮至黑山头，不闻爷娘唤女声，但闻燕山胡骑鸣啾啾。

万里赴戎机，关山度若飞。朔气传金柝，寒光照铁衣。将军百战死，壮士十年归。

归来见天子，天子坐明堂。策勋十二转，赏赐百千强。可汗问所欲，木兰不用尚书郎，愿驰千里足，送儿还故乡。

爷娘闻女来，出郭相扶将；阿姊闻妹来，当户理红妆；小弟闻姊来，磨刀霍霍向猪羊。开我东阁门，坐我西阁床，脱我战时袍，著我旧时裳。当窗理云鬓，对镜帖花黄。出门看火伴，火伴皆惊忙：同行十二年，不知木兰是女郎。

雄兔脚扑朔，雌兔眼迷离；双兔傍地走，安能辨我是雄雌？

破阵子·为陈同甫赋壮词以寄之

〔宋〕辛弃疾

醉里挑灯看剑，梦回吹角连营。八百里分麾下炙，五十弦翻塞外声，沙场秋点兵。

马作的卢飞快，弓如霹雳弦惊。了却君王天下事，赢得生前身后名。可怜白发生！

马的遐思

冯并

我喜欢看马，看正在飞奔着的骏马。马蹄的矫健，马鬃的潇洒，马啸啸的震撼人心。它生就一种一往无前的剽悍与英武。记得，我居住的小城常常举行“交流会”，每会必有赛马，骡马市就更不在话下了。幼时一次看赛马，我竟然忘记了吃饭，在我那时的心灵里，天下最能干的要算骑手，天下最惬意的事要算骑马，骑飞奔的马了。

马，确乎是令人感奋的。北朝民歌：“健儿须快马，快马须健儿”，讴歌了北方少数民族对马的不可或缺的感情，而“上马不提鞭，反折杨柳枝”，则在奔马的驱驰中显出了诗的浪漫的意境。“幽并重骑射，少年好驰逐”，连钟情于柔媚的洛神的曹植，也曾谱出脍炙人口的《白马篇》，在“白马饰金羁，连翩西北驰”的马的影像中，突出了扬声沙漠、弃身刀锋，赴国难而视死如归的游侠儿的性格。马在古代诗人的眼里，始终是忠诚勇敢的化身。

马也是画家和雕刻家们着意刻写的对象。唐代的韩滉画牛马极工，近人徐悲鸿先生更以奔马名世。著名的昭陵六骏，则是我国古代雕塑的艺术珍品。据说那是唐太宗的最有名的坐骑。分别叫作“飒露紫”“什伐赤”“青骓”“白蹄乌”“拳毛骃”“特勒骠”。可惜“飒露紫”与“拳毛骃”已为美国人盗走，所以于右任先生曾在《广武将军悲歌》中不胜慨叹地吟咏：“石马失群超海去，宝鼎出土为贼讹。”“飒露紫”的石刻形象很感人，它在战斗中被箭射中，将军拔箭的瞬间，似知人意，稳立不动。这很使人想到马的另一面：顽强、坚韧。

我也听到过“马自能征战，耕地不如牛”的评语。但颂扬牛的勤于劳作，并不会减弱马的魅力。在我的家乡，马儿是经常下田的。马儿拉车，似乎也比吱咯作响的老牛木车快许多，而且显得生气勃勃。虽然不免被视为驽马，但“驽马十驾，功在不舍”。马，既能在战场上显出威风，也能在平淡无奇的生活节奏中放出光彩。

马是可以讴歌的。

马也曾经引起我的另一些遐想。那是刚刚到草原的时候。是我第一次真正地学骑马。出于逞强还是出于别的什么，我竟然选中了一匹雪白雪白的“生个子”马。它的性格是那样的暴烈，又踢又咬。我抓住白马的长鬃，大着胆子爬上了马背。它却竖起前蹄，猛然一蹿，将我重重地掀翻在地上。这一跤摔得很不轻。我觉得勇气在丧失，骑马的热情也在消退。好长时间里再不敢接近那匹白马。我只能远远地望着它出神，哦，好一匹雄壮的马儿！

这马真的有些不同凡响，浑身没有一根杂毛，筋腱发达得像座汉白玉的石雕。我不知道它为什么那么暴烈，难道牧马人也不能去骑它吗？

终于，这匹白马带着景泰蓝的鞍鞯跑来了。牧马人丹森把缰绳扔给我，微笑着说："骑吧，它会把你带到云彩里去。"牧马人的憨厚是有名的，他们也许鄙视懦弱，却不会嘲笑并不太懂骑术的人。我知道，自从我被白马撂下去，丹森就开始了驯教白马的工作。他赞赏我的眼力——那其实是一种朦胧的直感。他说，这匹白马会成为第一流的走马的，至于它的暴烈，多半倒是因为它的胆小易惊。在我听来，牧马人的话是新鲜的。马的烈性终究是一种表象，掩盖着它对人以及未来使命的生疏与怯懦；它习惯了毫无拘束的自得其乐，在湖边吃草，在原野上撒欢，它的身上潜藏着一种原始的力，并没有通过有节律的运动获得充分的发展，以至于拒绝马鞍，拒绝长途跋涉中有价值有目的的生活。我曾想，如果"生个子"马一直是"生个子"马，始终在自己的湖边游荡，自由自在，又会是怎样呢？它将永远与野马为伍，永远淹没在盲目之中，没有足力的显示，没有才情的焕发，纵有伯乐来识，也难免在执拗中老死荒野。

但我的白马真正地成了一匹骏马，它依然抖鬃长嘶，奋发扬蹄，但那不是野性的复发，它依然酷爱着湖边漫步的自由，那也不是无所用心的浪迹。它驮着崭新的鞍鞯跑来了，用前蹄轻轻刨着地面；它竖起了尖尖的秀耳，等待着驰驱的信息。它将像一支箭，离弦而去，寻找闪光的进击点和冲刺的全部意义。刹那间，我的内心爆发了对白马的真切的喜欢，以及对牧马人丹森的敬意。

我禁不住跨上了白马，撒开了缰绳。呵，轻快的风，辽阔的天地，我仿佛感到马蹄下流动的云彩和气流，感到物我两忘、人马交融的新的意境。

奔马，白色的奔马，永远在我心田上飞驰。奔马，白色的奔马，它会比“飒露紫”或“白蹄乌”更使人倾心，更使人领悟到马的健美，马的强悍，马的追求……

白马篇（节选）

〔三国〕曹植

白马饰金羁，连翩西北驰。
借问谁家子，幽并游侠儿。
少小去乡邑，扬声沙漠垂。
…………
长驱蹈匈奴，左顾凌鲜卑。
弃身锋刃端，性命安可怀？
父母且不顾，何言子与妻！
名编壮士籍，不得中顾私。
捐躯赴国难，视死忽如归！

古诗十九首·其一

〔汉〕佚名

行行重行行，与君生别离。
相去万余里，各在天一涯。
道路阻且长，会面安可知。
胡马依北风，越鸟巢南枝。
相去日已远，衣带日已缓。
浮云蔽白日，游子不顾反。
思君令人老，岁月忽已晚。
弃捐勿复道，努力加餐饭。

少年行四首 · 其一

〔唐〕王维

新丰美酒斗十千，咸阳游侠多少年。
相逢意气为君饮，系马高楼垂柳边。

逢入京使

〔唐〕岑参

故园东望路漫漫，双袖龙钟泪不干。
马上相逢无纸笔，凭君传语报平安。

凉州词二首 · 其一

〔唐〕王翰

葡萄美酒夜光杯，欲饮琵琶马上催。
醉卧沙场君莫笑，古来征战几人回？

出塞二首 · 其一

〔唐〕王昌龄

秦时明月汉时关，万里长征人未还。
但使龙城飞将在，不教胡马度阴山。

送友人

〔唐〕李白

青山横北郭，白水绕东城。
此地一为别，孤蓬万里征。
浮云游子意，落日故人情。
挥手自兹去，萧萧班马鸣。

后出塞五首 · 其二

〔唐〕杜甫

朝进东门营，暮上河阳桥。
落日照大旗，马鸣风萧萧。
平沙列万幕，部伍各见招。
中天悬明月，令严夜寂寥。
悲笳数声动，壮士惨不骄。
借问大将谁？恐是霍嫖姚。

少年游

〔宋〕柳永

长安古道马迟迟，高柳乱蝉嘶。夕阳鸟外[1]，秋风原上，目断四天垂。

归云一去无踪迹，何处是前期。狎兴生疏，酒徒萧索，不似去年[2]时。

[1] 一作“岛外”。

[2] 一作“少年”。

青玉案 · 元夕

〔宋〕辛弃疾

东风夜放花千树。更吹落，星如雨。宝马雕车香满路。凤箫声动，玉壶光转，一夜鱼龙舞。

蛾儿雪柳黄金缕。笑语盈盈暗香去。众里寻他千百度。蓦然回首，那人却在，灯火阑珊处。

书愤五首·其一

〔宋〕陆游

早岁那知世事艰，中原北望气如山。
楼船夜雪瓜洲渡，铁马秋风大散关。
塞上长城空自许，镜中衰鬓已先斑。
出师一表真名世，千载谁堪伯仲间！

永遇乐·京口北固亭怀古

〔宋〕辛弃疾

千古江山，英雄无觅孙仲谋处。舞榭歌台，风流总被雨打风吹去。斜阳草树，寻常巷陌，人道寄奴曾住。想当年，金戈铁马，气吞万里如虎。

元嘉草草，封狼居胥，赢得仓皇北顾。四十三年，望中犹记，烽火扬州路。可堪回首，佛狸祠下，一片神鸦社鼓。凭谁问：廉颇老矣，尚能饭否？

天净沙·秋思

〔元〕马致远

枯藤老树昏鸦，小桥流水人家，古道西风瘦马。夕阳西下，断肠人在天涯。

驮马

施蛰存

我第一次看见驮马队是在贵州，但熟悉驮马的生活则在云南。那据说是所谓“果下马”的矮小的马，成为一长行列地逶迤于山谷里，就是西南诸省在公路完成以前唯一的交通和运输工具了。当我乘着汽车，从贵州公路上行过，第一次看见这些驮马队在一个山谷里行进的时候，我想，公路网的完成，将使这古老的运输队不久就消灭了罢。但是，在抗战三年后的今日，因为液体燃料供应不足，这古老的运输工具还得建立它的最后的功业，这是料想不到的。

西北有二万匹骆驼，西南有十万匹驮马，我们试设想，我们的抗战乃是用这样古旧的牲口运输法去抵抗人家的飞机汽车快艇，然而还能支持到今日的局面，这场面能说不是伟大的吗？因此，当我们看见一队驮马，负着他们的重荷，在一个峻坡上翻过山岭去的时候，不能不沉默地有所感动了。

一队驮马，通常是八匹十匹或十二匹，虽然有多到十六或二十匹的，但那是很少的。每一队的第一匹马，是一个领袖。它是比较高大的一匹。它额上有一个特别的装饰，常常是一面反射阳光的小圆镜子和一丛红绿色的流苏。它的项颈下挂着一串大马铃。当它昂然地在前面带路的时候，铃声“咚咙咚咙”地响着，头上的流苏跟着它的头部一起一落地耸动着，后边的马便跟着它行进了。或是看着它头顶上的标志，或是听着它的铃声，因为后面的马队中，常常混杂着聋的或盲的。倘若马数多了，则走在太后面的马就不容易望到它们的领袖，你知道，驮马的行进，差不多永远是排列着单行的。

每一匹马背上安一个木架子，那就叫作驮鞍。在那驮鞍的左右两边便用牛皮绳绑缚了要它负荷的东西。这有两个作用：第一是不使那些形状不同的重载直接擦在马脊梁及肋骨上，因为那些重载常常有尖锐的角或粗糙的边缘，容易损伤了马的皮毛。第二是每逢行到一站，歇夜的时候，只要把那木架子连同那些负载物从马背上卸下来就行。第二天早上出发的时候，再把它搁上马背，可以省却许多解除和重又束缚的麻烦。

管理马队的人叫作马哥头，他常常管理着四五个小队的驮马。这所谓管理，实在很不费事。他老是抽着一根烟杆，在马队旁边，或前或后地行进着。他们用简单的，一两个字——或者还不如说是一两个声音——的吆喝指挥着那匹领队的马。与其说他的责任是管理着马队，还不如说是管理着那些领队的马。马哥头也有女的。倘若是女的，则当这一长列辛苦的驮马行过一个美丽的高原的时候，应和着那些马铃声，她的忧郁的山歌，虽然你不会懂得他们的意义——因为那些马哥头常常是夷人[1]——会使你觉得何等感动啊！

在荒野的山林里终日前进的驮马队，决不是单独赶路的。它们常常可能集合到一二百匹马，七八个或十几个马哥头，结伴同行。在交通方便的大路上，它们每天走六十里[2]，总可以获得一个歇站。那作为马队的歇站的地方，总有人经营着马店。每到日落时分，马店里的伙计便到城外或寨门外的大路口去迎候赶站的马队，这是西南一带山城里的每天的最后一阵喧哗。

马店常常是一所两层的大屋子，三开间的或五开间的。底下是马厩，楼上是马哥头的宿处。但是那所谓楼是非常低矮的。没有窗户，没有家具，实在只是一个阁楼罢了。马店里的伙计们帮同那些马哥头抬下了马背上的驮鞍，洗刷了马，喂了马料，他们的职务就完了。马哥头也正如一切的西南夷人一样，虽然赶了一天路，很少有人需要洗脸洗脚甚至沐浴的。他们

[1] 我国古代泛称周边的民族。

[2] 现在 1 里等于 500 米。

的晚饭也不由马店里供给，他们都随身带着一个布袋，袋里装着苞谷粉，歇了店，侍候好了马匹，他们便自己去拿一副碗筷，斟上一点开水，把那些苞谷粉吃了。这就是他们的晚餐。至于那些高兴到小饭店里去吃一杯升酒，叫几个炒菜下饭的，便是非常殷实的阔佬了。在抗战以前，这情形是没有的，但在这一两年来，这样豪阔的马哥头已经不是稀有的了。

行走于迤西一带原始山林中的马队，常常有必须赶四五百里路才能到达一个小村子的情形。于是，他们不得不在森林里露宿了。用他们的名词说起来，这叫作“开夜”。要开夜的马队，规模比较大，而且要携带着炊具。差不多在日落的时候，他们就得在森林中寻找一块平坦的草地。在那里卸下了驮鞍，把马拴在树上，打成一围。于是马哥头们安锅煮饭烧水。天色黑了，山里常常有虎豹或象群，所以他们必须捡拾许多枯枝，烧起火来，做成一个火圈，使野兽不敢近前。然而即使如此警戒，有时还会有猛兽在半夜里忽然袭来，咬死几匹马，等那些马哥头听见马的惊嘶声而醒起开枪的时候，早已不知去向了。所以，有的马队还得带一只猴子，在临要睡觉的时候，把那猴子拴缚在一株高树上。猴子最为敏感，到半夜里，倘若它看见或闻到远处有猛兽在行近来，它便会尖锐地啼起来，同时那些马也会跟着嘶起来，于是睡熟的人也就醒了。

在云南的西北，贩茶叶的古宗人的驮马队是最为雄壮的。在寒冷的天气，在积雪的山峰中间的平原上，高大的古宗人腰里捎着刀和小铜佛，骑着他们的披着美丽的古宗氍（qú）鞍的马，尤其是当他们开夜的时候，张起来的那个帐幕，使人会对于这些游牧民族的生活发生许多幻想。

二万匹运盐运米运茶叶的驮马，现在都在西南三省的崎岖的山路上，辛苦地走上一个坡，翻下一个坡，又走上一个坡，在那无穷尽的山坡上，运输着比盐米茶更重要的国防财物，我们看着那些矮小而矫健的马身上的热汗，和它们口中喷出来的白沫，心里将感到怎样的沉重啊！

白驹

〔先秦〕佚名

皎皎白驹，食我场苗。絷之维之，以永今朝。所谓伊人，于焉逍遥？

…………

皎皎白驹，在彼空谷。生刍一束，其人如玉。毋金玉尔音，而有遐心。

（选自《诗经·小雅》）

马年

余光中

听说十二载才一次轮回
向辽阔的黄道让我侧耳
听神话的深处有无蹄声
隐隐地传来。历书都已上市了
说小寒初临，大寒将至
天河未解冻，溅不起水声
但冷血的蛇尾已经要入洞
躲避骤来的前蹄踢踏
踏破荒凉的冻土。大地寂寂
只等神御者造父，或神探伯乐
向旷野一声唿哨（像西部好汉
一声 whistle 就召来了坐骑）
向秦俑的阵旁，胡兵的胯下
向曹霸的绢素，唐匠的三彩
唤回秦琼啊英雄末路
忍痛卖掉的黄骠，唤醒
昭陵的六匹神骏，久被石囚
唤起什伐赤，特勒骠，白蹄乌

青骓，飒露紫，还有黄身黑喙
拳毛騧峻耳批竹，傲骨成棱
扬蹄一嘶就半天风云
骁腾啸引着骏逸呼应着骁腾
　涉过天河
　跨过天堑
　奔过沙场
　逐过中原
更越过高速路上所有的Benz
不驯的宝马，桀骜的Jaguar
越过飙车族，铁蒺藜，拒马拒马
发出一声长嘶越过了年关
跃进没有英雄的年代
当懦夫与骗子只会鞭策着驽骀
而我，伏枥的老骥，筋骨犹顽
四百匹的马力，久未驰驱
只等万蹄踢踏遍江湖踹来
带动大地的胎气，一声霹雳
卷地的长风把蛇腥吹开
迎马年要迎头迎接马首
莫等马过了追马尾，拍马臀

集句六帖（节选）

周梦蝶

六

刚睡醒的林野
一条小路如竹马
自童年那边
款款行来
天空是紫丁香色

又是有翅和无翅的
想飞，想冲天的时候到了
一尊狗尾草
优雅地伸手给另一尊狗尾草

据说：洞庭湖的层冰
六百里外的昨夜
已被小鱼儿咬破，咬碎

打一个鱼肚白的呵欠
早春的风袅袅猫背一般弓起

白马论

〔战国〕公孙龙

“白马非马”，可乎？

曰：可。

曰：何哉？

曰：马者，所以命形也；白者，所以命色也。命色形非命形也，故曰：“白马非马”。

曰：有白马，不可谓无马也。不可谓无马者，非马也？有白马为有马，白之非马，何也？

曰：求马，黄、黑马皆可致；求白马，黄、黑马不可致。使白马乃马也，是所求一也。所求一者，白者不异马也。所求不异，如黄、黑马有可有不可，何也？可与不可，其相非明。如黄、黑马一也，而可以应有马，而不可以应有白马，是白马之非马，审矣！

曰：以马之有色为非马，天下非有无色之马也。天下无马，可乎？

曰：马固有色，故有白马。使马无色，有马如已耳，安取白马？故白者非马也。白马者，马与白也。马与白，马也？故曰：白马非马也。

曰：马未与白为马，白未与马为白。合马与白，复名白马。是相与以不相与为名，未可。故曰：白马非马，未可。

曰：以“有白马为有马”，谓有马为有黄马，可乎？

曰：未可。

曰：以“有马为异有黄马”，是异黄马于马也；异黄马于马，是以黄马为非马。以黄马为非马，而以白马为有马，此飞者入池而棺椁（guǒ）异处；此天下之悖言乱辞也。以“有白马不可谓无马”者，离白之谓也；不离者，有白马不可谓有马也。故所以为有马者，独以马为有马耳，非以白马为有马耳。故其为有马也，不可以谓“马马”也。

以“白者不定所白”，忘之而可也。白马者，言白定所白也，定所白者，非白也。马者，无去取于色，故黄、黑皆所以应；白马者，有去取于色，黄、黑马皆所以色去，故唯白马独可以应耳。无去者非有去也。故曰：“白马非马”。

（选自《公孙龙子》）

田忌赛马

〔汉〕司马迁

齐使者如梁，孙膑以刑徒阴见，说齐使。齐使以为奇，窃载与之齐。齐将田忌善而客待之。忌数与齐诸公子驰逐重射。孙子见其马足不甚相远，马有上、中、下辈。于是孙子谓田忌曰："君弟重射，臣能令君胜。"田忌信然之，与王及诸公子逐射千金。及临质，孙子曰："今以君之下驷与彼上驷，取君上驷与彼中驷，取君中驷与彼下驷。"既驰三辈毕，而田忌一不胜而再胜，卒得王千金。于是忌进孙子于威王。威王问兵法，遂以为师。

（节选自《史记·孙子吴起列传》）

指鹿为马

〔汉〕司马迁

赵高欲为乱，恐群臣不听，乃先设验，持鹿献于二世，曰："马也。"二世笑曰："丞相误邪？谓鹿为马。"问左右，左右或默，或言马以阿顺赵高。

（节选自《史记·秦始皇本纪》）

前出塞九首 · 其六

〔唐〕杜甫

挽弓当挽强，用箭当用长。
射人先射马，擒贼先擒王。
杀人亦有限，列国自有疆。
苟能制侵陵，岂在多杀伤。

马诗二十三首·其五

〔唐〕李贺

大漠沙如雪，燕山月似钩。
何当金络脑，快走踏清秋。

登科后

〔唐〕孟郊

昔日龌龊不足夸，今朝放荡思无涯。

春风得意马蹄疾，一日看尽长安花。

十一月四日风雨大作

〔宋〕陆游

僵卧孤村不自哀，尚思为国戍轮台。
夜阑卧听风吹雨，铁马冰河入梦来。

良马对

〔宋〕岳珂

岳武穆入见，帝从容问曰："卿得良马不？"武穆答曰："骥不称其力，称其德也。臣有二马，故常奇之。日啗[1]刍豆至数斗，饮泉一斛，然非精洁，则宁饿死不受。介胄而驰，其初若不甚疾，比行百余里，始振鬣长鸣，奋迅示骏，自午至酉，犹可二百里。褫鞍甲而不息不汗，若无事然。此其为马，受大而不苟取，力裕而不求逞，致远之材也。值复襄阳，平杨幺，不幸相继以死。今所乘者不然，日所受不过数升，而秣不择粟，饮不择泉。揽辔未安，踊跃疾驱，甫百里，力竭汗喘，殆欲毙然。此其为马，寡取易盈，好逞易穷，驽钝之材也。"帝称善。

（选自《金佗稡编》）

[1] 同"啖"，吃的意思，读音为 dàn。

黑骏马（节选）

张承志

也许应当归咎于那些流传太广的牧歌吧，我常发现人们有着一种误解。他们总认为，草原只是一个罗曼蒂克的摇篮。每当他们听说我来自那样一个世界时，就会流露出一种好奇的神色。我能从那种神色中立即读到诸如白云、鲜花、姑娘和醇酒等诱人的字眼儿。看来，这些朋友很难体味那些歌子传达的一种心绪，一种作为牧人心理基本素质的心绪。

辽阔的大草原上，茫茫草海中有一骑在踽踽独行。炎炎的烈日烘烤着他，他一连几天在静默中颠簸。大自然蒸腾着浓烈呛人的草味儿，但他已习以为常。他双眉紧锁，肤色黧（lí）黑，他在细细地回忆往事，思想亲人，咀嚼艰难的生活。他淡漠地忍受着缺憾、歉疚和内心的创痛，迎着舒缓起伏的草原，一言不发地、默默地走着。一丝难以捕捉的心绪从他胸中飘浮出来，轻盈地、低低地在他的马儿前后盘旋。这是一种莫名的、连他自己也未曾发觉的心绪。

这心绪不会被理睬或抚慰。天地之间，古来只有这片被寒冬酷暑轮番改造了无数个世纪的一派青草。

于是，人们变得粗犷强悍，心底的一切都被那冷冷的、男性的面容挡住。如果没有烈性酒或是什么特殊的东西来摧毁这道防线，并释放出人们柔软的那部分天性的话——你永远休想突破彼此的隔膜而去深入一个歪骑着马的男人的心。

不过，灵性是真实存在的。在骑手们心底积压太久的那丝心绪，已经悄然上升。它徘徊着，化成一种旋律，一种抒发不尽、描写不完，而又简朴不过的滋味，一种独特的灵性。这灵性没有声音，却带着似乎命定的音乐感——包括低缓的节奏、生活般周而复始的旋律，以及或绿或蓝的色彩。那些沉默了太久的骑马人，不觉之间在这灵性的催动和包围中哼起来了：他们开始诉说自己的心事，卸下心灵的重荷。

相信我：这就是蒙古民歌的起源。

高亢悲怆的长调响起来了，它叩击着大地的胸膛，冲撞着低巡的流云。在强烈扭曲的、疾飞向上和低哑呻吟的拍节上，新的一句在追赶着前一句的回声。草原如同注入了血液，万物都有了新的内容。那歌儿激越起来了，它尽情尽意地向遥远的天际传去。

歌手骑着的马走着，听着。只有它在点着头，默然地向主人表示同情。有时人的泪珠会“噗”地溅在马儿的秀鬃上：歌手找到了知音。就这样，几乎所有年深日久的古歌就都有了一个骏马的名字:《修长的青马》《紫红快马》《铁青马》等等,等等。

…………

哦,现在,该重新把这个问题提出来了。我想问问自己,也问问人们,问问那些从未见过面、却又和我心心相印的朋友们:《黑骏马》究竟是一首歌唱什么的歌子呢?这首古歌为什么能这样从远古唱到今天呢?

漂亮善跑的——我的黑骏马哟

拴在那门外——那榆木的车上

在远离神圣的古时会盟敖包和母亲湖、锡林河的荒僻草地深处,你能看到一条名叫伯勒根的明净小河。牧人们笑谑地解释说,也许是哪位大嫂子在这里出了名,所以河水就得到这样有趣的名字。然而我曾经听白发的奶奶亲口说过:伯勒根,远在我们蒙古族的祖先还没有游牧到这儿时,已经是出嫁姑娘"给了"那异姓的婆家,和送行的父母分手的一道小河。

我骑着马"哗哗"地蹚着流水,马儿自顾自地停下来,在清澈的中流埋头长饮。我抬起头来,顾盼着四周熟悉又陌生的景色。二十来年啦,伯勒根小河依旧如故。记得我第一次来到这里时，父亲曾按着我的脑袋，吆喝说：“喂，趴下去！小牛犊子。喝几口，这是草原家乡的水呵！”

…………

我催马踏上了陡峭的河岸，熟悉的景物映入眼帘。这就是我曾生活过的摇篮，我阔别日久的草原。父亲——他一听到我准备来这里看望就熄了怒火，可他根本不理解我重返故乡的心境……哦，故乡，你像梦境里一样青绿迷蒙。你可知道，你给那些弃你远去的人带来过怎样的痛苦吗？

左侧山岗上有一群散开的羊在吃草，我远远看见，那牧羊人正歪在草地上晒太阳。我朝他驰去。

“呃，不认识的朋友，你好？呃……好漂亮的黑马哟！”他乜（miē）斜着眼睛，瞟着我的黑马。

“您好。这马么，跑得还不坏——是公社借给我的。”我随口应酬着。

“呃，当然是公社借你的——我认识它。嗯，这是钢嘎·哈拉。错不了，去年它在赛马会上跑第一的时候，我曾经远远地看过它一眼。所以，错不了。公社把最有名的钢嘎·哈拉借给你啦。”

钢嘎·哈拉？像是一个炸雷在我眼前轰响，我双眼昏眩，骑坐不稳，险些栽下马来。但我还是沉住了气："您的羊群已经上膘啦，大哥。"我说着下了马，坐在他旁边，递给他一支烟。

哦，钢嘎·哈拉……我注视着这匹骨架高大、脚踝细直、宽宽的前胸凸隆着块块肌腱的黑马。阳光下，它的毛皮像黑缎子一样闪闪发光。我的小黑马驹，我的黑骏马！我默默地呼唤着它。我怎么认不出你了呢？这个牧羊人仅仅望过你一眼，就如同刀刻一样把你留在他的记忆里。而我呢，你是知道的，当你作为一个生命刚刚来到这个世界上时，也许只有我曾对你怀有过那么热烈的希望。是我给你取了这个骄傲的名字：钢嘎·哈拉。你看，十四年过去了。时光像草原上的风，消失在比淡蓝的远山和伯勒根河源更远的大地尽头。它拂面而过，逝而不返，只在人心上留下一丝令人神伤的感触。我一去九年，从牧人变成了畜牧厅的科学工作者；你呢，成了名扬远近的骏马之星。你好吗？我的小伙伴？你在嗅着我，你在舐着我的衣襟。你像这个牧羊人一样眼光敏锐，你认出了我。那么——你能告诉我，她在哪里吗？我同她别后就两无音讯，你就是这时光的证明。你该明白我是多么惦念着她。因为我深知她前途的泥泞。你在摇头？你在点头？她——索米娅在哪儿呢？

黑骏马（节选）

〔英〕安娜·休厄尔　马爱农 / 译

第一章　我早先的家

记忆中我待过的第一个地方，是一大片美丽宜人的牧场，中间有一个清澈的池塘。池塘边绿树成荫，池塘那头长着灯芯草和睡莲。从一边的树篱望过去，是一片耕作过的土地；从另一边的树篱望过去，是主人家的大门，就在路边。牧场的最高处是一片冷杉树林，最低处则是一条潺潺的小河，河岸陡峭。

小时候我不会吃草，就吃妈妈的奶。白天我在妈妈的身边撒欢，晚上就跟妈妈依偎在一起。天热时，我们站在池塘边的树荫下乘凉；天冷时，小树林边上就有一个温暖舒适的小棚子。

长大一点之后，我会吃草了，妈妈就白天出去干活，晚上才回来。

牧场里除我之外还有六匹小马驹，都比我大，有的都快赶上成熟的大马了。我总是跟着他们跑来跑去，玩得很开心。我们经常一起绕着牧场一圈一圈地跑，直到跑得筋疲力尽。有时我们的动作会很粗野，因为那些马驹不光会跑，还经常地又咬又踢。

一天，当大家又围在一起互相猛踢时，妈妈长嘶一声，把我唤到身边。

“希望你仔细听好我的话，”她说道，“住在这里的这些小马驹都是好马，但他们都是干粗活的马，当然可能没有什么教养。而你呢，出身高贵，血统纯正，你的爸爸在这附近很有名气，你的爷爷曾在纽马基特赛马会上两次夺冠，你的奶奶也是再温柔不过的，我想你也从没见过我踢人或咬人吧。我希望你将来能温和、善良，永远不要学坏。干活时怀着善意的心，奔跑时高高地抬起蹄子，即使玩耍时也不要去咬人或踢人。”

我始终没有忘记妈妈的劝告。……

第三章　调　教

我越长越帅了，全身的毛细密柔软，又黑又亮，其中一个蹄子是白色的，脑门上还有一颗漂亮的白星星，大家都觉得我相貌英俊。主人不肯把我卖掉，说要一直把我养到四岁。他还说，小孩子不应该像大人一样干活，所以小马驹在没长大之前，也不应该像大马一样干活。长到四岁时，戈登老爷来看我，仔细端详我的眼睛、嘴巴和四条腿，还把我全身上下摸了一个遍，让我在他面前走路、小跑和快跑。他似乎很喜欢我，并且说：“等他被调教好了，准是一匹很优秀的马。”主人说他要亲自调教我，免得让我受到惊吓和伤害。他一刻也没有耽搁，果然第二天就开始调教我了。

也许有人并不知道“调教”是什么意思，那我就来说明一下吧。“调教”就是让马学会被套上马鞍和马勒，学会在背上驮着一个男人、女人或孩子，默默地听从吩咐，随主人去他们想去的任何地方。除此之外，他还要学会适应马颈圈、马尾带和马臀带，并在被戴上这些东西时保持一动不动。最后还要被套上马车，拉着车子走路或跑步，速度必须听从赶车人的要求。另外无论看到什么都不能惊慌失措，也不能跟别的马说话，不能踢，不能咬，也不能有自己的想法，永远要按主人的意志行事，即使在特别累、特别饿的时候也不例外。最糟糕的是，一旦被套上这些马具，马高兴时不能跳，累了也不能躺。所以，调教可不是一件简单的事。

当然啦，我是早就习惯了缰绳和马笼头，习惯被牵着在牧场和小路上走来走去。可现在，我还不得不被套上带着马嚼子的马勒。……

……最后，有一天早晨，主人骑到我的背上，让我在柔软的草地上走了一圈。那感觉确实有些奇怪，但必须承认，我驮着主人时心里感到很自豪。就这样，主人每天都过来骑着我出去一会儿，我也很快就适应了这样的生活。

然后是另一件让人痛苦的事，那就是“穿上”马蹄铁。一开始也很难受。主人亲自把我牵到铁匠铺，尽量不让我受到伤害和惊吓。铁匠把我的蹄子攥在手里，一只接一只地割去上面的一些肉。我并没有感觉到疼，只是靠三条腿一动不动地站着，任由他把四只蹄子一一修整好。最后铁匠拿出一块铁，形状和我的蹄子完全一样，给我“穿上”后，再用几根钉子穿过蹄铁钉进蹄子，这样蹄铁就牢固了。起初我感觉蹄子变得硬邦邦、沉甸甸的，但慢慢也就习惯了。

这之后，主人开始为我戴上整套马具，我又有几个新东西需要适应。首先是套在脖子上又硬又重的马颈圈，然后就是带“挡片”的马勒，遮在我眼睛的部位，而这个“挡片”就是“马眼罩”。那的确是个眼罩，戴上它之后根本看不见两边，只能目视前方。接着是一个小马鞍，上面绑着一根讨厌的硬邦邦的皮带，从我的尾巴底下直直穿过，这就是马尾带。我恨死了马尾带——把我的长尾巴折起来穿过去，那感觉简直就和戴嚼子一样难受。我真恨不得踢人。可是当然啦，这么好的主人我怎么可能踢他呢。慢慢地，我什么都习惯了，终于可以像妈妈一样好好干活了。

这里我必须提一下调教过程中发生的一件事，我一直认为它为我今后的生活带来了很大的好处。主人曾把我送到邻近的农场上住了两个星期，那里有一片牧场紧挨着铁路线，牧场上还有一些羊和奶牛，我就和他们待在一起。

我永远也忘不了第一列火车开过时的情景。当时我正在位于牧场和铁路之间的栅栏边静静地吃草，突然听见远处传来一个奇怪的声音，还没弄清是怎么一回事，就看见一个长长的、黑乎乎的大家伙呼啸而过，冒着黑烟，“哐啷哐啷”的声音震耳欲聋。可还没等我喘过气，那个大家伙又不见了。我转身朝牧场那头没命地跑，然后停下来“呼哧呼哧”地喘气，心里又惊又怕。后来那天又有好几辆火车开过，有些速度比较慢，最后停在附近的车站上，停车时还会发出可怕的尖叫和吱嘎声。我觉得这简直太恐怖了，可当这些可怕的黑家伙喷着烟驶过时，那些奶牛照样安安静静地吃着草，连头也不抬一下。

最初几天，我一直定不下心来吃草。后来我发现这个可怕的怪物从来不会冲进牧场，也没有伤害过我，我便开始不理它。很快，我也像那些奶牛和绵羊一样，对过往的火车熟视无睹了。

在那之后，我还曾见过许多马被火车的样子或声音吓到，最后失去控制。多亏好心的主人考虑周到，现在我去火车站时一点也不害怕，就像是站在自己的马厩里一样。

A Talk with Horses

/

作

未名

潘周惟（六年级）

天上，有一匹马，它痴痴地望着地下，投下一个黑漆漆的影子。没有马过来。影子孤独地坐着。

马向往天空，它知道那里有和平的生活，能看见《三国志》里春天的桃花，能看见秋天的枫叶，能听见夕阳下落的声音。那里或许还上演着“刘玄德跃马过檀溪”和“特洛伊木马”的戏剧。

马知道自己是马，仅此而已，它们没有名字。听说十二载才等到一回马年，这一匹匹马来了又去了，盼了多年，却盼不来一个名字。马不知道远方有一个未名湖，和自己一样，同样未名。

我看着满天星斗，马也在天上看着我。

那些没有用的名字，像废旧的马蹄铁，叮叮当当散了一地，落在那些马未曾拥有过的岁月里。那些劳动的辛苦像一阵风，不断侵蚀着一匹匹马和一个个人，吹过那些充满汗水和泪水的日子，马和人同时衰老了。

我骑着一匹“未名”的马，走在它自己的路上。我发现马背上的世界是那么特别，人能站得更高、看得更远。趴在马背上，人人都可以成为自己的英雄。

"骑在红色马上，啦啦啦啦……"我感觉自己成了一匹马。我多想看看马眼中的明天和远方。我的喉咙里有一千匹马在嘶鸣，心中有一万匹马在奔腾。我的身体里装着马的灵魂，我是一匹披着人皮的马。

我知道老马识途的智慧，知道"射人先射马，擒贼先擒王"的道理，但我不懂得马未名的孤独。马的身体像一片荒原，对大地敞开，对花草敞开，对天空和太阳敞开，对未名湖的月光敞开，对陌生的云和风敞开。我看不懂马，我不懂未名。我继续走着，踩着一个个马的脚印，试图走到马的内心深处。

"铁马冰河入梦来"，马将我带到了云彩里。

走马灯

陈天悦（八年级）

现在，我的面前有一束光。寂静的落日中，我期待神秘的马群出现。

“落日故人情”“萧萧班马鸣”。无数伟大的灵魂，跨上时间的马背匆匆奔去，消失在夕阳的尽头。我默读人类的历史，发现身着红色斗篷的拿破仑骑着一匹烈马跨过阿尔卑斯山；成吉思汗的马匹如秋风扫落叶般横扫整个世界。

马是冷兵器时代的王者。赵高指鹿为马，司马迁论述田忌赛马，而公孙龙推敲着白马非马，人类的聪明与愚蠢也因马而显现。无数画面与故事交织、重叠，在落日中，我似乎目睹了一场历史的变迁。

当你停下脚步，你会发现时间如走马灯般飞快逝去，逝而不返。十四年前，少年与钢嘎·哈拉相遇，转瞬之间就迎来了十四年后的告别。人生也如一场飞快的走马灯，十二生肖匆匆变换着。我看见过从孩提时代就喜欢马的小孩子，他跟在爷爷身后，骑着棕色的马，听着“刘玄德跃马过檀溪”与“徐庶走马荐诸葛”的三国故事，嘴里念叨着“人中有吕布，马中有赤兔”的顺口溜，越走越远，与马蹄的嗒嗒声一样，都不再归来。人们害怕岁月悄悄地来，又悄悄地去，于是在黑夜点上灯，数着消逝的日子，日复一日。

马却从未因时间转瞬即逝而苦恼，马依然挺立着，两眼藐视着高远的穹苍。马的一生有辛苦也有自由，有欢喜也有孤独。它动作轻捷，身形优美匀称，永远高贵地奔跑着，如时针般严谨有序地走下去。“生存还是毁灭？”我问马。马群用“嗒嗒”的马蹄声告诉我生与死之谜：人生如点灯，人死如灯灭，一切都是走马灯。

我回放了马的一生，马的时间流逝得比人类的时间更快。从小马的活泼，到老马的饱经风霜，也不过二十年而已。四岁的马步入成年，质朴天真的嘶鸣慢慢消失，它们背上压辕，颈上套轭，额上戴铜镜，矮小而矫健的脊梁冒着热汗，口中喷出白沫，随后在樊笼结束生命。我忽然发现，马的一生也是走马灯，令人感到沉重。

最后的余晖落下了，走马灯依然亮着。我再次凝望钟表，时钟“嘀嘀嗒嗒”地走着。此时，我的眼前没有时针，只有马群。

马背上的成语

张若涵（六年级）

“嗒嗒，嗒嗒……”

时间从马蹄间悄悄流过，一个一个的成语，在马背上形成。啊，马背上的成语！

马如流云。草原上那抹灿白，如人埋藏于心底的纯洁的恋，白得可爱。奔放，是大地向天空射出的恋之箭，而马则是成语中的丘比特，从地面踩着时间，踏着流云，正应着“白驹过隙”这一词。马呼出一口气，将时间送给人类；吸进一口气，便进入了混沌的世界。自由，惬意，云才是白马骨子中狂奔的血液，它被时间制成成语，载上马背。

战场上的黑马如死神降临，代表着马不肯服输和渴望一战的本性。黑马本身自带成语“特效”，恨不得一上战场便能“过五关斩六将”，让别人臣服。马，“天池之龙种”，自然是有灵性的。它那一身傲骨，也是神秘的成语。那黑色的残影，便是输赢的筹码。

昔日的一切都是灰蒙蒙的，“伸手不见五指”。什么成语，什么马，都是灰色，根本看不清。现在，骑在马背上是春风得意，一旦下马，一种时光的流逝感油然而生。马蹄加速，匆匆记完成语，一位史官变成了昔日。

旭日初升，阳光照射，照向还未开始写的成语故事。金马背上载着明日，像风一般疾驰而过。

为什么马的速度如此之快？因为时间浓缩在马蹄之下。为什么马背上的人有一种文字美？因为成语的故事发生在马背上。

你说，成语是否也属马，十二年一轮回？

马

刘丰鸣（七年级）

马可以代表一切，因为远方可以代表一切。

有了马，才有自由。从金色的昔日到灰色的明日，从白色的恋到黑色的死。

人人都希望有一匹马，因为有了马，便仿佛拥有了世界。世界，被踏在马蹄之下。看到战马如镰刀般收割世界，世界静默无声，人们也都在盼望自己有这么一匹马。

马从何处来？马无从驯服，人驱使马的唯一途径是征服。所有的马从漠北大草原进入马圈，食物从新鲜的草变成稻草。伯乐变得忙碌起来，批量选拔那需要逐个被征服的马是伯乐的职责，然后有了马鞍、缰绳、马笼头，马也有了战甲。在一片金光下，马失去了自然的本性。

得不到伯乐之马的人，只能以梦为马，他们的梦马奔赴沙场，游子的梦马奔向故乡，学子的梦马“一日看尽长安花”。没有两匹马的路线是相同的，每匹马都走出一条路，从远方走向更远方。

马一生都在追赶时间，从骏马到瘦马，从壮马到病马。少年骑着一匹骏马出行，奔向远方，他走南闯北，到天涯时，发现这里只剩古道、西风、断肠人和瘦马。

而马，依然步履不停。

奔

赵健钧（六年级）

它在广阔的天空下奔腾，它在寻找自由。他说：“世界是广阔的，马在奔腾着，寻找它的自由。我看这时间也变得广阔了。”

我把这匹马装进口袋里，它像的卢，也像赤兔，奔走于生死之间，奔走于天地之中。它跑起来了，又停下，抬头，似乎有一种高贵。它有大自然赋予的迅捷，动作如此自然。而内心则散发着一种美。它在天地间奔腾，我想，每一匹马都是这样。

它抬头，打着响鼻。它自然不是野马，是家养的马。它从不放荡不羁，只听主人的话。它吃着草，抬头，眼前黑了——那是一道鞭影。它不反抗，它知道眼前的人是谁。它用泪水解渴，强忍咽喉的疼痛。它活在当下，是一种安逸，是一种屈服。

残雪沉寂，一切皆在沉默。世界突然像一声冷笑，没有悲哀，没有往事，记忆在时间的旅途中慢慢消磨。我跨上时间的快马，让它带我到云彩里去。它在奔腾，在这广阔的天地之间。

我把一切秘密藏在木马里。一看身后，忽然而已。

时间

应镕伊（五年级）

那匹马正喝着时间的长河水。

长河的这一头是春天。吴伯箫在大年初三、初四骑马，鞭炮声伴着轻快的马蹄声和愉快的心情。叶赛宁看见马儿身边有无数只苍蝇发出“嗡嗡”声，马儿以尥蹄子、扇耳朵的形式“欢迎”春天的第一批苍蝇。

遥望长河的对岸，一片金黄的落叶迎来了整个秋天。那匹马被西风吹瘦了，不像昏鸦一般在枯藤上乱叫，也不像流水一样淌过桥下，它只是静静地站着。一匹黑马如刚刚落下的黄叶，诉说着死亡，驻足在长河中。

的卢跑得飞快，一声长鸣划过天穹，便四蹄腾空，飞一般跃过了檀溪。那四蹄是在丈量刘备从生到死的距离。生和死，被一条时间的长河隔开了。

时间的长河不语，只是默默地看着：看着孟郊得意的心情比时间早一步到了长安城；看着李白与朋友分别时，马的一声长鸣将两人分开，那么果断；看着战场上，“射人先射马”，马儿被射死，被累死；还看到马儿的梦被鞭子打破。

时间的长河不再沉默，它滚动起来，把一切都带走了。岸上，不再有马儿行走，汽车轮子滚动的声音代替了马儿蹄子踩在地上清脆的响声。

很久以前喝时间长河水的那匹马早已死亡。时光如白驹过隙，以前的以前，都一去不复返了。

地球掉在了马的身上

祝语彤（六年级）

拿破仑骑上了他那匹白马，白马抬起前蹄，后腿用力一蹬，便好像飞了似的跃起，翻过了阿尔卑斯山。马猛地落下，“嗒”，地球落在了马的身上。马身上的引力大过了地球的引力，那一刻，地球被马吸出了轨道。

天地缩小如一粒米，时间就如白驹过隙。白马身上驮了一袋子时间。刘备的的卢一跃而起，跳出了时间，将地球重重地往下压。马儿在空中不动，而地球却再次落在了马儿身上。刘备也不知道，就在那一瞬，马跳出了时间，而且再也不会回来了。

地球与马曾经是朋友吧！我幻想有这样一匹马，那是一匹白色的骏马，它猛蹬后蹄，腹部用力，在飞跃的瞬间长鸣一声，直冲九霄，带我到云彩之上。

马儿有思想，但它以人的思想为主，它迎合主人，也更像是一只小狗，一只可坐可骑的小狗。或许马儿也有痛楚，但是它从不轻易说出口。

马是人类的奴仆，这句话或许说得没错。但是人类也就被马束缚在背上了，人类将马用作交通工具。

马本来豪迈又剽悍的性格被人磨去了，于是马也可以善解人意了，同时，马也像箭一样坚决，直冲着目标奔去。

现在是夜晚，我好像看到了一群白马，正在等待黎明。它们跃起，朝着黎明狂奔。

飞沙

傅晨悦（六年级）

马打着响鼻，扬着沙尘凯旋。我学着故事里的样子，穿着单衣，戴着箬笠，骑着今天的马去看岁月的飞沙如何贯穿长长的古道，如何扬起天边的落日与霞光。下马，我看见的是一片苍茫。

人类活在马扬起的尘土里，即便会有“尘埃落定”，这尘埃也终会被马蹄再次扬起，漫无目的地飘着。一匹马以檀溪水流的速度从《三国志》中向我奔来，飞沙渐渐落入一杯青梅酒中。时间学着马的样子长叹，千古英雄便化作一阵飞沙，卷起桌上的书页向前翻。历史如野马狂奔，也卷起了马匹那样高的飞沙。

马走过的路读也读不完，就像长安的花永远看不完。春天停在马的耳朵上，马的眼睛里便留了一个白马一样的春天，一场白色的梦，忘了今日与昔日。时间停在马背上，马铃叮叮当当，作一首《破阵子》，打破一堵肉眼可见的墙，学着牧马人回到故乡。

我在过去也许不是一匹马，却是一匹马卷起的飞沙，没有悲哀，没有往事，也没有幸福。时间一鞭扬起，马鸣风萧萧，它们是历史的幸存者。沙尘也许不会从云雾中起，但马会，而人坐在马上，便是在风沙中。

星辰闪闪烁烁，像往事。马的目光炯炯有神。马是从往事中来的马，时间过去了许多年，时间深处已经听不见马蹄声了，只见飞沙漫天，盖过了神鸟的歌声。

一匹属于马的马

林雷沫（六年级）

时间：清晨

地点：草原

人物：一匹白马，一匹黑马，驯马师，路马甲

在一片广袤的草原上生活着一群野马，其中有一匹黑马和一匹白马。

黑马（情绪高昂）：“马是多么野性而又高贵的一种动物，我们甚至不把天放在眼里。自由是我们的天性，我们是属于自然、属于自己的。我们黑马可以象征着死亡。我们追逐着时间，不分昼夜。每一匹野马都是沈从文或托尔斯泰，我们都是天生的哲学家啊！”

白马：“兄弟，明天我就不走了，我要留在这，等待着人类口中的伯乐来发现我，我们做最后的告别吧！”

黑马（大吃一惊）：“什么？你，你居然想成为一匹被驯养的马，快打消这个念头吧！”

白马（斩钉截铁）：“不！我想好了，成为一匹被驯养的马，一匹被伯乐看中的马，才是马的荣耀。人类做到的最高贵的征服，就是征服豪迈而剽悍的马，我可

以与人类一起分担疆场的劳苦，同享战斗带来的光荣。”

黑马（摇了摇头，很气愤）：“你是愚蠢的，你是愚蠢的！做被人类驯服的马，你将会失去自由，失去大自然赠给马的天性与能力！你将成为懦夫，成为人类的奴隶，你将失去你自己！”

白马（不服气）：“那又怎么样？我会获得无上的荣誉。伯乐可是一位神人，被他看中的马都会幸福一辈子，成为一匹有名的马。”

黑马（大发雷霆）：“伯乐，伯乐，那家伙就是一个恶魔，被伯乐看中所带来的欢乐是短暂的，你将会被名利俘虏，陷入贪婪之中，在无聊和残忍的竞争中度过一生。生命短暂，每一匹马的生命都是奇迹，我们要做属于自己的马，做自得其乐、自由自在的马。”

路马甲（着急）：“快跑！两位马兄，人类追上来了！”

白马朝着人类的方向跑了过去，黑马立刻追上来劝说，可是白马已经“迷途不知返”了，驯马师套住了白马，白马如愿以偿地被带回了马场。黑马及时摆脱追捕，回到了属于它的那片自由的草原。

我是马

马梓玹（六年级）

我是一匹白马，在等待黎明的曙光。

我身材高大，身体各部分都发育得匀称、优美，一抬头，便要超越那四足兽的地位。我的眼睛是海蓝色的，纯洁得像一首诗，闪闪有光，真诚坦率。

清晨的露水从树叶滴到我身上，冰凉清爽。我的眼睛盯着远方——那颗正在升起的太阳。雾色中，我骨架分明、脚踝细直，宽大的前胸凸隆着结实的白色肌腱，雄壮的身影宛若雕塑。

在草原时，我曾和牧民共同欢唱，共享喜怒哀乐；我曾在无边无际的草原上奔跑不停。庄子说："人生天地之间，若白驹之过隙，忽然而已。"而我和你都在奔涌的时间里。

千年来的记忆历历在目：赵子昂在历史上画了一笔，韩干与李公麟用毛笔渲染自己的奔马；"的卢，今日危矣，可努力"的声音依然在耳畔回响，刘玄德跃马过檀溪，的卢如从云雾中奔腾而出；秦琼英雄末路，忍痛卖掉心爱的黄骠马；拿破仑骑一匹白马翻越了阿尔卑斯山……

我也想像赤兔马一样，穿越“金戈”和“冰河”，让英雄们站得更高、看得更远。

你说你有很多问题想要问我。

你问：时间里是一座马的天空之城，还是“闻香下马”这四个斗方大字？

我答：里面是年幼的我，很多个我，它们都是天池的龙种。里面还有日月星辰，斗转星移。

你问：你见过马中的思考者吗？

我答：当然，每一匹马都是思考者。

你问：“古道西风瘦马”，你们感觉寂寥空虚吗？

我答：我们享受孤独自在，辽阔荒凉中有更多的想象。我们热爱白天与黑夜，饱含热情，温厚坚定的灵魂让我们视死如归。人类征服了自然之马，我们一起分担疆场的劳苦，同享战斗的荣光。

此时，黎明的角笛吹响。我即将翻山越岭，成为奔腾的骏马。

意境

张心远（五年级）

马在草原上自由地奔跑。从马那藐视顶上穹苍的目光一直到尾巴，每一处都发育得匀称、优美。马一抬头，就能够超越普通四足兽的地位。马才是万物之灵长，因为马是上帝创造的最完美动物。达尔文坐在草原上，因看马而笑眯了眼睛。草原上的马群里面，有一匹无从驯服如沈从文的马，也有一匹浪漫如泰戈尔的马，还有金马、灰马、白马、黑马……昔日与明日、恋与死缠绕在了一起。

在画里，马的一颦一笑都是潇洒的。人骑上了马，便如更上一层楼，可以更好地欣赏落日。李公麟胸有成竹地画下马，因为他知道“笔下马生如破竹”的秘诀，更知道该如何画出马的心事重重。

被人圈养的马会失去天性。马不能被伯乐看中，否则它们会从丧失自由开始，以接受束缚而告终。马从生到死都不理解自己的不幸，因为文明人的狡猾，马不明白。马让人类从土地的束缚中挣脱出来，使人进入了广阔的空间，拥有了更多自由。而驯服马是人类所做过的最高贵的征服。战争里，马不忘像箭一样坚决。我，偷偷把我的灵魂藏在了木马肚子里。马与人之间，仿佛永远有一根剪不断、理还乱的蛛丝，把马与人紧紧地联结在一起。

白马非马论被打断。嘀嗒嘀嗒的时钟指针走动的声音，如嗒嗒嗒的马蹄声，我看见了时光如白驹过隙，又看见时间的群马被拴在时间的马车上，驾车人有一张庄子的面孔。一匹老马卧在水边，慵懒地用尾巴驱赶苍蝇。这匹老马已经到了知天命的年纪，却仍然停留在听牧童的角笛如听神鸟歌声的意境中。我不禁替这匹苟延残喘的老马感到命运的沉重。

骑马记

唐子媛（五年级）

我将马放了出来，骑上它向山野走去。树枝上有一只羽毛蓬乱的神鸟在为我们歌唱，把我们带到神秘的草原上。

等我醒来时，我骑在白马上，腰间有刀和枪，身上披着银色的铠甲。突然有人跑到我的跟前，竟然叫我拿破仑。我一脸疑惑地看了看白马，白马摇了摇头，好像摆出了准备奔跑的架势，我抡起长鞭随着白马发疯似的往前跑。白马往前跑，时间就在流逝。

我们来到了一片竹林边，抬头看向天边，发现天空已是紫丁香色了。我迷茫地走着，发现前方有一点动静，等我走近仔细看时，竟然看见有一匹竹马。突然，无数的文人墨客骑着竹马从四面八方赶来，恍惚间我听见了“春风得意马蹄疾，一日看尽长安花”“夜阑卧听风吹雨，铁马冰河入梦来”……

走着走着，我来到一个老式庄园，只见远处的草坪上躺着一匹老马。那匹马满眼凄凉，仿佛命运已定，在等待着死神的降临。

过了一会儿，我发现天空变得五彩斑斓。这时，一支笔从云彩中伸过来，我认得它，它应该是郎世宁的笔。随着笔锋一抬一转，好似《琵琶行》中的转轴拨弦，一幅《八骏图》立在了眼前：八匹不同的骏马，八种不同的姿态。不一会儿，又有一支笔伸了出来，那是李公麟的笔，凡是他的笔点过的地方，都生出了一匹又一匹的马。渐渐地，我发现幻境正在消失。

我醒来时，天已黑，我还在原来的庄园里，树上那只羽毛蓬乱的神鸟还在痴情地唱着。我抚摸着马的皮毛，想到了故乡，我热爱那里的白天和黑夜，但是我更爱草原上自由的白马。

一日看尽长安马

富宇涵（七年级）

孟郊手握马鞭，高兴地游长安，慈母手中的针线，从脑海中飞走。编织马鞍的手中有多少针线，他未曾想过，此时他的心中只有说不尽的畅快。

柳永责怪着古道上的马太慢，马的鸣叫成为风的呼啸。西风和瘦马一样，早就被诗人沉重的语言压得不愿前行。

时间的马从我的身前走过，马上坐着谁，我没有看清。而长安的马上没有人，我变成马眼中的花，但马真的会欣赏这花吗？刘备的的卢，是无数的网缝合而成的。它化为溪水中的一片花瓣，拼命为主人解渴。而童年的竹马，却被紫丁香的天空变成了一匹瘦马。

马的梦想，是成为花，而非欣赏花的马。

拿破仑的马，出现在画家的画笔之下、博物馆的墙上。人成了马，驮着看马的相机向那幅画飞奔而去。

孟郊骑着马，却被人当成马的伯乐。人总是不了解马的本性，以为马喜欢被人牵走看花。

我在马上看花，马在花丛中看我。

走

高允方（五年级）

我是一匹白马，走在时间的古道上。

我是动物中的王，虽然不是救人性命的的卢，也不是征战沙场的赤兔，但我是一匹自然之马。我有广阔的空间和无尽的自由，我是天池之龙种，是一匹走在时间上的马。

在这珍贵的人间，太阳强烈，马蹄轻快。我藐视头顶上的苍穹，大自然被我征服，我是这个世界的领主。我抖鬃长鸣，前蹄轻轻刨着泥土，这让我意识到我是这世上最优美、最匀称的物种。

在大草原上，我的同类毫不吝啬地发挥自己的特长。它们把人带到云彩里，去看“长河落日圆”，看“落日照大旗”。它们伸着抒情的脖子一遍遍地读着那些脍炙人口的诗句。一声声马儿的嘶鸣和冷兵器碰撞溅起的火花，让“马背上的民族”踏上了多瑙河流域的土地。我们是无畏的，我们是走向世界的真正的英雄。

我们的生命一般不过二三十年，但我以为，一匹自由的白驹有真正的生命价值。我走在历史的阶梯上，带着拿破仑翻越阿尔卑斯山，将红色的披风留在画师的笔下。我驮着唐僧历经九九八十一难，终在西天取到真经。我陪着赵子龙在长坂坡七进七出，将白袍银枪染得血红。我是走在名著脊背上的一匹神兽。

时间如青草，马细嚼青草，就是在品味时间。

我是一匹马

李思瑾（六年级）

我是一匹无从驯服的马。

在无垠的草原上，我尽情地奔跑。我不想载着过重的负担，忍受人类冷酷的长鞭。即便饿死、累死，我也要投入自由的怀抱。在旷野的一声马鸣中，我找回了散落一地的月光。

我步履蹒跚，忽然看到山上的一位女子在弹琵琶，声音似雨滴落入盘中，那是灵魂的呼唤。于是，我走上山，走在那竹子铺的小路上，听天池之水倾泻而下。

走着走着，我忆起了往事。我曾经是一匹战马，在驯马场中训练。那时，我一抬头就满眼泪水，一低下头，额前就闪过一道又一道的鞭影。战场上，将军骑在我的背上，我们如秋风扫落叶般狂扫半个地球。

时光如白驹过隙，我的灵魂不得不跨上时间之马，向天的另一头缓缓走去。

虽然我即将逝去，但我厚密的短毛与我的天性却不曾改变。我依然不甘被改造成人类之马。在一个理想的国度中，我们马才是万物之灵长、天地之主宰，那些虐待我们的人类应是奴仆。

走吧！到山顶上去看最后一次月亮。西风吹过，树叶在风中飒飒作响，我走在山中的小路上，看岁月从鼻孔中吹出浮尘。

渐渐地，我走上了山顶。从山顶望向山脚，我望见了一批等待黎明的白马，它们的身影年轻又矫健，我仿佛望见了一群自由的灵魂正向云彩奔去。于是，我默默地将自己的灵魂吞进肚子里！

或许在某个特别的时刻，我还会重新成为一匹无从驯服的马呢！

快马

刘青岚（五年级）

跨上一匹时间的快马，“嗒嗒”前行。

起初，马是金色的，在草原里肆意奔跑，是多么强壮、轻捷、遒劲。适应辽阔的环境，独立自在地生活，爱好和平，这是马的天性。一阵风吹来，金色的马一抬起头，便超越了四足兽的地位。

马蹄“嘚嘚”，金色的马从草原跑向了街道，毛也变成了灰色。马匹使人从土地的束缚中解脱出来。一位伯乐发现了这匹骏马，他说道：“哎，这是一匹好马，我带回去检测一下，若是一匹千里马，那我就赚大了！”说完，他便拍了一下马的屁股，赶它去测试了。这便是马最大的不幸。不过，人类并不觉得马有多么不幸，因为人们并不知道马是能思考、有感情的。许多人说，人类最高贵的征服是征服马。人类的卑劣，反证了马的高贵。《格列佛游记》中甚至说，在一个理想的国度，马才是万物之灵长，而人类则是马的奴仆。

马跑得远了，时间也过去很久了，人与马的关系渐渐缓和。一匹白马出现了，白色象征着恋与浪漫，恋的是“铁马冰河入梦来”，恋的是牧童的角笛，恋的是“刘玄德跃马过檀溪”“徐庶走马荐诸葛”“泥马渡康王”等一个个故事。而浪漫则是骑着一匹白马，从童年而来，在如竹马的小路上行走。

一匹黑马向我走来。这不正是多年没见的钢嘎·哈拉吗？我在小道上仔细瞧，那是被西风吹瘦了的黑马。时间真快，我与你都变了。

偶然遇见一位牧民，我正想下马，听到他说：“骑吧，它会把你带到云彩里去的！”

快马将带我到云彩里去。

时间

吕屹林（六年级）

时光匆匆，它从金色的昔日到灰色的明日，仿佛只用了一瞬间。在时间的流动中，马加速疾驰，在世界的地图上，马用速度突破时间。马用阵阵欢快的马蹄声，庆祝时间带来的惊喜。

马将人从时间的束缚中解脱出来，把世界遗忘得干干净净。马在奔跑中抽出时间，寻找自己的伯乐。技艺精湛的画家们用一笔一墨画出了完美无缺的伯乐之马。

马是时间的朋友，时间并不想让马消失在大地的记忆中，而马在思考如何摆脱人类的枷锁。

人类的声音回响在马蹄声中，但并没有什么能像时间之群马般高贵，群马织出世界，把人类覆于紫色的天空之下。

马

钱奕凡（六年级）

神鸟为马群歌唱。

我来到了草原上，那里有许多马。

我看到了一匹金马。它全身金光闪闪，好似由金子铸成，又像是有生命的，它随着朝阳而来，朝阳照得它更加强壮、美丽。

来了一匹黑马。它看起来强壮有力，哪怕我不是伯乐，我也能看出它是一匹千里马，因为它的健康、健硕是肉眼可见的。

这匹千里马停下来吃草，四肢十分协调，它慢条斯理地吃着草，看上去很是悠闲。突然，它奔跑起来，很快就消失在我的视线里。

来了一匹白马。它究竟是白龙马还是的卢？又或是拿破仑翻越阿尔卑斯山时骑的马？实在不知道，我看不出来。

这匹马没有停，它慢慢地、静静地走着，左看看、右看看，像是在欣赏草原的风光。

接着来了一匹灰马。它携着落日而来，走到我面前，让我骑在它背上，我随着落日离开了这片草原。

马魂

吴玟慧（六年级）

古有伯乐相马，一匹匹赛马都是被相中的，它们有着自己的灵魂，赛马的灵魂是属于赛道与速度的。从小，它们的母亲就告诉它们："你们是赛马，是优雅的，与在农场干苦力活的马不一样。"

等赛马长大，就被带上了赛场。其他的马，不被规则束缚，自由生长。赛马的使命就是拿到成绩。它们披着长长的鬃毛，蹄子似乎不能沾地，时间之水在它们的身旁，似乎忘记了流淌。

而在农场里干活的马，它们的灵魂只有一个感受，那就是苦。

这些马像脚下的黄土地一样朴实，它们拉车、拉磨、拉犁。它们只是凡马，只求凡马的幸福，不求赛马的优雅。

《三国演义》中最有名的马——赤兔马，它的灵魂是战。战马和人才一样，需要好的"伯乐"，比如那匹的卢。本来，的卢被认为是一匹不吉利的马，据说会"妨主"，但是它救了刘备一命。战马与战士一样，有着赴国难而视死如归的游侠精神，它的马魂中也因此增加了一条——忠诚勇敢。

马，也是可以歌唱的，但它们并不明白，黑骏马在唱什么。在大雪天去看梅花，它们也会欣赏花的优雅。

不同的马有着不同的命运。有的马一生下来，命运就已定下，而有的马，却因遇上伯乐而改变了命运。

老马

修英杰（五年级）

从来没有两匹马的毛色是一样的，也从来没有两匹马的性格是相同的，但是所有马的理想都是一样的——自由。

在一个肮脏的马厩里，有一匹马。他曾经是草原上一匹逍遥自在、无从驯服的骏马，如今他只是一匹站在马厩里瘦弱的病马，但即使这样，他也有渴望自由的权利。

古人说“白马非马”，但他不是白马，而是一匹黑色的马。黑色代表着死亡，所以主人并不喜欢他。

他是一匹老马，他看过田忌赛马，也被伯乐相过，伯乐说他是一匹好马，但他心里清楚，一旦被伯乐选中，等待他的就是灾难和痛苦。有时，时间的群马会乘着西风来看望他，在西风的吹拂下，他变成了马致远笔下的“瘦马”，在夕阳下和他的亲戚们谈话。

他已经不能从鼻孔中吹出岁月的金色浮尘，身上的毛发也没有以前那样油光锃亮了。慢慢地，他也会变成一匹时光的马，实现他自由的理想。有时，他会抬头望望前方，仿佛自由就在那！

马

严子轩（五年级）

马，外表平平无奇，却有着强而有力的四条腿。这是天赐之灵物，与凡物不同。

为什么这么说？

人类之中有佼佼者，马中亦有突出者。《曹瞒传》中说："人中有吕布，马中有赤兔。"吕布善于打仗，三英战吕布时，吕布之所以那么厉害，有一大半是因为赤兔马灵活，跑得快。

再说的卢吧。虽然平时不突出，但在危急关头，的卢"一跃三丈，飞上西岸"，救了主人一命。马是极通人性的。

"想当年，金戈铁马，气吞万里如虎。"辛弃疾咏道。好大的气势啊！金戈铁马，仿佛将我只身带到了战场当中，马配合人的刀剑，横冲直撞。马匹对人类的帮助也很大，丝毫不输于牛。

现在，人们总认为老马一无是处。可是"老骥伏枥，志在千里"，老马虽老，终究是马，它有着马的天性，有着对自然的热爱，有着对自由的向往。

竹马

张嘉禾（八年级）

竹马“嗒嗒嗒”地响着，和若干年前的战鼓一般有节奏地响着。

竹叶的影子逐渐伸长，伸长，成为刀光剑影，伸向遥远的戈壁。马在嘶吼——它又变成了多年以前的那匹战马。风萧萧，吹起无尽的黄沙和鲜血，它不愿再看，只愿向前奔跑，不断地向前，永不停歇，直到完成它的使命，直到它的主人姓秦，直到它脚下的土地名唐……

战鼓响了，黄沙再起，进到了人们的眼睛里，也进到了人们的心中。马似乎也被染成了黄色，于是人们“指马为鹿”。黄沙是西北来的疯子，而马是诞生于西北的英雄，黄沙漫天，人们将箭都射向马。一些人失去的，正是一些人想得到的。沙尘漫天，却又像雾天，远远的，东方，一条条船出现，战士们所有的箭都不翼而飞。

黄沙将一切赋予了颜色。对西北长大的孩子来说，“竹马”只是两个象形文字，他们不解地读着西北的沙之书。古希腊的符号汹涌而来，巨型的木马摇着，将一座城摇倒。一直到今天，摇晃的木马仍时不时地摇倒属于一个人的堡垒。

马被赋予了伟大的使命，它带着身上残留的古文明走向新的文明时代。

一支轻如鸿毛的箭，将它断送在古道中央。最后，它想，真的有神鸟吗？

骑在它身上的将军成了功臣，但在他的梦里，不见二十一岁的姑娘，不见缎子的华美，只见冰河，只见铁马，只见一片黄沙。天快破晓时，他见到了神鸟。

马来这苦难的世界走了一遭，黄沙尘封了过去，把它的影子拉扯散了。

竹马“嗒嗒嗒”地响着，和若干年前的战鼓一般，有节奏地响着。

它从童谣中醒来，竹林中，孩子骑在它身上，它身轻如鸟，虽没有神鸟的神性，但拥有孩童的灵魂。它又想起将军，某个时刻，将军与它有相同的心跳，那心跳声时而是将军的，时而是它的。

孩子摇摇晃晃，像一匹小马，向竹林深处走去。那里不会有斑竹枝，但也许会有他所寻的青梅。

我也想做一匹竹马。

时间的快马

郑朝喆（六年级）

我是一匹时间的快马。

我是时间的驾驭者！我跑得越快，时间也越快，但我不受时间的拘束，因为我是时间以外的东西。

我走三步，三十年过去了；跑三步，三百年过去了。而对于我，只是短短三秒。

我被伯乐看中，到了驯马场，我静静地站在一旁，看着伯乐如何“驯马”。最后，我看不下去同伴被“驯”的惨状，于是我跑了。

转眼间，我来到檀溪中。我可不想变成落汤鸡，于是我倒退了几步，想让时间停止，不料却陷进了水里。一向讨厌水的我，嘶鸣一声，高高地跃起，这速度之快，让我根本没注意到我背上还有一位主公！

我因此受到了优待，但我仍然是一匹时间的快马，依然在时间中向前，向前。

马

周家悦（五年级）

时间的快马匆匆，将今天与明天连通。马行走在太阳之上，无拘无束。此时，它们是自然马，自由地奔跑。天真、单纯、强壮、轻捷，是大自然赋予它们的美，它们不用别人施舍，它们没有主人——大自然不是它们的主人，而是它们的母亲。

可是，不知何时，草原上来了一种生物，他们自称"伯乐"。他们告诉马儿，如果跟他们走，它们就会有美丽的住所，有享之不尽的美食，还会有专人给它们刷毛等。"伯乐"说得天花乱坠，最终，不少年轻单纯的马儿跟着"伯乐"们进了城。

马儿们是得到了美丽的住所，可为此失去了自由，它们被钉上了蹄铁，勒上了缰绳；它们得到了美食，可嘴里被迫戴上了马衔铁；人们的确为它们梳理毛发，可它们被装上马鞍，只能没日没夜地干活，一些马儿还要上战场，被人类随意驱使。"人中有吕布，马中有赤兔"，那些马儿外表光鲜亮丽，实则内心已失去了本性，塞翁失马，正是马儿的反抗。

时间的快马匆匆，将今天与明天连通，马却已是人类的奴仆。马遇到“伯乐”真是一件幸事吗？马已是人类之马，“伯乐”之马。

束

唐语点（七年级）

人类所做到的最高贵的征服，便是束住了马。

与人类紧密关联之前，马是自由的，它们豪迈而剽悍，又不失匀称与优美。它们有着平凡又简单的欲望，不互相妒忌。马是天池之龙种，健壮的四肢让它们驰骋草原，平凡的心愿令它们无拘无束。马是真正自由的灵物，是自由的象征。

直到伯乐看见了马的优美和匀称，马被驯养了，从自然之马变为人类之马。人类束住了马，不是用友谊，不是用温情，而是用冰冷的绳索。这一点，伯乐难逃罪责。

马失去了自由，换来稳定的温饱；失去草原，换来了伤痕；失去自主，换来了奴役。而当铁马终成伤马之时，马却被人类遗忘。然“水寒伤马骨”，它们最终倒下，化为遗憾。

人却脱离了土地的束缚，获得空间和自由。英雄骑在红色的马上，像马一样思考。小姐骑马看春之梨花与秋之枫叶。牧童在马背上吹角笛，歌唱的神鸟唤起马心中沉睡的感情。马缓缓走在如竹马一样的小路上，一路奔入云彩。“人中有吕布，马中有赤兔”，然而那一骑红尘，只为博得妃子一笑。当马四蹄腾空的一瞬——它是真的在飞吧。

但看——人束住了有形之马，却被无形之马束缚着。一匹白驹在窗外吮饮着朝阳，可一回头，就只剩几匹白马在啃食残留的星空。时间的快马，将人类驯服，将人类束缚。

或许，在某个时刻，我真的是一匹马吧。或许，我是一匹无人驯服的马，不然，为什么我的心会如此沉重，不愿看见马的热汗和口中的白沫呢？

“挥手自兹去，萧萧班马鸣”——高尚的马值得讴歌。

西风里的瘦马

黄若瑜（六年级）

它是那样瘦，一根根肋骨凸显出来，仿佛是一具即将风化的骨架。

它也有过年轻的时候，那时，它狂野，轻捷而不驯，正如那西风。

如今它沧桑，单薄，西风也如是。

有一天，它失去了仅存的力量与倔强，铁蹄嗒嗒，踏在地上，水泥钢筋的桎梏将它团团围住，水泥地里不再绽放出清新的马蹄莲。

铁蹄还在“嗒嗒”地响着，它悲愤着，不安着。就这样，它的大半生逝去了；就这样，一首古老的歌从远古唱到今天。

西风还在吹着这马，这气质高贵的马，没有骆驼之畸形、驴之蠢笨、牛之痴呆，比狮子、犀牛、大象更为美丽……

悲哉，作家笔下的马，热爱和平的万物之灵。

其实，它何尝不曾为争夺土地而厮杀？它又何尝不曾把初次骑上马背的人摔下来，继而狠狠践踏？

真美啊，它想，那些作家笔下的马真是纯粹而高贵啊……

铁蹄好似还在“嗒嗒”地响着。

路过的人想拥抱它，拥抱这个硕大的机体。可是这垂死之物却如此庄严，它似乎将要进入某种神域——使爱怜之人望而却步。

它就立在那里，立在那荒草丛里。在那里，它起码能呼吸几口青草的芬芳，与那久违的野性重逢。

西风还在吹着，它的眸子重又闪烁着光芒，它仿佛年轻了许多，回到了不知世事的年代。那时，它还不知苦难为何物……

如今，它已沦落至如此地步。

它沦落到了被人遗忘的地步。

它终于自由了——不再为人类之马。

青铜骑士

付润石（七年级）

那是一尊青铜的雕像，它那青铜的长矛刺入青铜的历史之中。它有着青铜色的肌肉，还有青铜一般的决心。它那青铜的坐骑在历史中沉默着……

这坐骑或许是创世的杰作，当一切都变得庞大而愚蠢，它却岿然不动，古老肃穆。它的铁蹄踏破洪水，它目光炯炯，看着耶路撒冷的兴起。它或许是彼得大帝的坐骑，青铜的身躯威胁着骄傲的邻邦。它或许是征服了德意志和意大利的战马，同拿破仑一起载着革命的战果，逐鹿欧洲大地，遗恨于吞并大不列颠的幻想。

伟大、肃穆的青铜骑士，静静地伫立在历史的潮头。

高傲的马，你将奔向何方？你的马蹄充满力量，你的目光里却满是和平。你的眼睛里不再是广漠的草原，马蹄过处，留下英雄的意志。

世界上没有丑的马，只有丑的人；世界上只有胜利之人，没有胜利之马。渴望胜利的堂吉诃德，临终也没有感受到“驽骍难得”静静嚼着青草的美，它澄澈的眼睛看尽骑士的一次次惨败：滑铁卢的一分钟——它看过；成吉思汗的马鞭横扫欧亚大陆——它看过；秦人与胡人的战争——它看过。但它只是嚼着干草，嚼着明月，嚼着历史，然后过隙而去！

当秦汉已过，关山无月；当项羽在乌江自刎，拿破仑在枫丹白露退位，时间的群马痛饮而去，茫茫草原上，哪里还有一点半点的痕迹？这里曾是古战场，士兵的呐喊和马的嘶鸣响彻天空，然而群马属于现在，回忆是星星点点的马蹄声。

青铜的古马，静静立在永恒的大地上。

这匹曾经的小马驹，当它还没有被约束时，它不曾尝到辛劳的滋味；当它没有遇到伯乐时，它只是忠于沙场的英雄，“千里马常有，而伯乐不常有”，它也许还算一匹幸运的千里马。曾几何时，当狼烟四起、危难在前时，它的马背上有过多少刀光剑影，多少英魂远去。它习惯于兵器的搏击，习惯于战鼓齐鸣。在白驹过隙之间，它的身体被敲入青铜。这一切都不能使时间群马的脚步暂停，相反，时间的流逝塑造了它的永恒。秦琼或许卖马，但时间永不出卖这青铜的古马。它走进时间，走出时间，以青铜的声息，凝结一段历史。这一刻，自由不只是自由，意志不只是意志，力量不只是力量，征服不只是征服。

青铜的坐骑，它的额头浮着怎样的智慧？它的眼中隐藏了多少轮回？它燃烧着烈焰，它的蹄子又将在哪里飞扬？它曾经拥有特洛伊木马的计谋、的卢的桀骜，但现在它只有沉默，它沉默地凝视着每一次的日出日落与风起云涌。

马群的奔跑是时间的流水线，马背上的骑士，辨不清是成吉思汗还是奥德修斯，不论是谁，其身影皆已被浪花淘尽。青铜古马，是否还在眺望大漠长烟、长城水寒？

世界终于将目光投向青铜马。

青铜马依然在沉默。

马蹄

赵馨悦（七年级）

马蹄，存在于远方。它曾经在你眼前出现，挟着冰，带着风，它飞奔着，但现在，马蹄属于远方。过去，战衣曾像天河一般从天而下，落在马背上。现在，马低着头，屈服于人类。

马中有骨，有肉，有灵魂，它的血液中还流淌着自由。它是上天的杰作，上天曾为它感到骄傲。不知为什么，现在的马如此可怜，一匹匹马在人类的鞭子下流着血，心中的不甘化作了泪。它应该跑得更快，快在时间之前，穿过那幻想的裂缝，即便只拥有如蹄般小的自由，也会迎来一个新的世界。

马蹄踏过，马记起了一切的不幸，马流泪了。马决心要踏破人的世界，直奔远方。我欣赏这样的马，它们身上的那些原始、质朴、单纯、勇敢，不但真而且美。马蹄之美，美于快，美于肌肉的抖动。

一匹老马，一匹瘦马，它们依然浑身充满力量，这力量不在于形，而在于它们所带来的风与和平。它们从来都是如此平凡，却又如此美好。

马的故乡藏在远方，远方也一定是一个故乡，属于任何人的故乡。那里还有角笛声，没事可以看看快乐的马。远方是一个个理想的所在，令人向往。

当时间反复，当马蹄冲出时间，一滴水会倒流，一棵树会往地下长，没有时间的世界，处处皆奇迹。马即便是王，仍然没有停止奔跑，因为从头到尾，它都只是一匹马，一匹平凡的马，一匹原始的马。它只能奔跑，战胜自己，冲出时间，把人带到云彩中。

我与“马”的对话

图书在版编目（CIP）数据

与世界对话. 与马对话 / 傅阳编著. -- 昆明 : 晨光出版社, 2025. 3. -- ISBN 978-7-5715-2446-3

Ⅰ. C49

中国国家版本馆CIP数据核字第 202448EU75 号

声明

本书在编写过程中，选用了部分散文、诗歌等作品，因条件所限未能与作者 / 译者一一取得联系，在此致以深深的歉意。敬请本书录选作品的作者 / 译者及时与我们联系，我们会第一时间与您沟通并妥善处理。

电话：010-88356860

邮箱：neverend@utoping.cn

YU SHIJIE DUIHUA YU MA DUIHUA

与世界对话 **与马对话** **傅阳 编著**

出 版 人 杨旭恒

选题策划 千寻 Neverend
责任编辑 李 洁
封面插画 高畅 www.changgao.co

出　　版 晨光出版社
地　　址 昆明市环城西路 609 号新闻出版大楼
邮　　编 650034
发行电话 （010）88356856 88356858
印　　刷 北京顶佳世纪印刷有限公司
经　　销 各地新华书店
版　　次 2025 年 3 月第 1 版
印　　次 2025 年 3 月第 1 次印刷
开　　本 130mm × 185mm 32 开
印　　张 5.5
字　　数 87 千
ISBN 978-7-5715-2446-3
定　　价 148.00 元（全 4 册）

图片版权支持 · www.fotoe.com